天骄遗宝

蒙元精品文物

安泳锝 主编

文物出版社

摄　　影：孔　群　刘小放
责任印制：王少华
责任编辑：李　飏

图书在版编目（CIP）数据

天骄遗宝：蒙元精品文物／安泳鋽主编.—北京：
文物出版社，2011.9
ISBN 978-7-5010-3181-8

Ⅰ.①天… Ⅱ.①安… Ⅲ.①文物－鉴赏－中国－元代
Ⅳ.①K871.44

中国版本图书馆CIP数据核字(2011)第110268号

天骄遗宝——蒙元精品文物

安泳鋽　主编

文物出版社出版发行

（北京市东直门内北小街 2 号楼　邮政编码 100007）
http://www.wenwu.com
E-mail: web@wenwu.com

印制　　北京图文天地制版印刷有限公司
经销　　新华书店经销
开本　　787×1092毫米　1/16
印张　　16
版次　　2011年9月第1版
印次　　2011年9月第1次印刷
书号　　ISBN 978-7-5010-3181-8
定价　　260.00元

主　编　安泳锝

副主编　陈永志　白丽民

撰　稿　陈永志　白丽民　张红星　宋国栋

　　　　党　郁　徐　铮　汪利琴　程国锋

　　　　陈思如　李艳阳　史静慧　高　娃

　　　　朱玉君

元上都遗址航拍图

序

内蒙古自治区位于我国的正北方，蒙古高原的南部边缘，在古代，她是东西文化交流的重要长廊，也是游牧文化与农耕文化交融碰撞的特殊地带。特定的地理位置、区域特点与生态环境，造就了蒙古高原绚丽多姿、丰富多彩的考古学文化。从先秦时期的北狄、猃狁，到两汉时期的匈奴、鲜卑，隋唐时期的突厥、回鹘，辽金元时期的契丹、女真、蒙古，这些驻牧于蒙古高原的古代游牧民族留下了丰厚的历史印记，形成了雄厚的历史文化积淀。特别是到了蒙元时期，蒙古族逐渐成为中国北方草原地区游牧民族的主体，随着各游牧民族文化的融合、碰撞、升华，在蒙古高原也就形成了兼容并蓄、博大精深的草原文化，成为中华文化的重要组成部分。

现位于中国北部草原地带的内蒙古自治区在传统的意义上讲，可以说是蒙古民族的肇兴之地，也是蒙元文化的中心所在。蒙古民族所创造出的丰富多彩的物质文化，如璀璨夺目的明珠，镶嵌在祖国北部的大草原上。元上都、黑城古城、赵王城、净州路、集宁路等驰名中外的文物古迹皆分布于这一地区。近年来，元上都遗址、黑城古城遗址、集宁路古城遗址、燕家梁遗址、镶黄旗乌兰沟蒙古贵族墓葬、砧子山元代墓葬等重大考古发现，可以说是石破天惊。特殊而又神秘的丧葬制度，琳琅而又多样的随葬品，犹如阿里巴巴宝藏的大门，一扇扇地向世人打开。文物是祖国珍贵的历史文化遗产，在民族文化强区的建设中占有举足轻重的历史地位。

蒙元时期，是我国历史发展的重要阶段，蒙古族创造的历史文化是令人瞩目的。1206年，蒙古乞颜部的成吉思汗统一了蒙古高原诸游牧部落，在鄂嫩河畔建立强大的蒙古汗国，1260年，成吉思汗之孙忽必烈在内蒙古草原的元上都建立元朝，并统一中国，蒙元帝国的政治中心定格在了中国北方草原地带。蒙古汗国的建立，欧亚大陆文化的大通道被打开；元朝的建立，标志着中国历史上统一的多民族国家形成与发展。所以，蒙元时期

天骄遗宝·蒙元精品文物

在中国的历史上具有划时代的重要意义。《天骄遗宝》辑录了蒙元时期的精品文物，其中有仪表堂堂的帝王画像，有光彩夺目的金银器，有温婉莹润的玉器，有冰肤玉洁的瓷器，还有神秘莫测的佛教器具，林林总总、洋洋大观，真实地再现了蒙元社会政治、经济、文化，也充分地展示了气势恢宏的草原文化。本书以通俗易懂的语言对这些文物探幽发微，进行诠释，集科学性、艺术性、知识性于一身，做到"以物论史，透物见人"。这对于读者来讲，可以说是一个极其丰富的文物知识盛宴。而在翻阅本书品味文物精萃的同时，了解中国源远流长的历史，感觉博大精深的草原文化，这是本书的又一大成功之处。

由安泳锝先生主编的《天骄遗宝》，集蒙元时期多组珍贵文物并进行详细的研究介绍，让更多的人对其有所了解，可谓功莫大焉。

文物是历史文化的结晶体，是一个时代、一个民族文明程度的真实体现，是祖国珍贵的物质文化遗产，也是弘扬中华文化，增强民族自信心与国家软实力的重要文化保障。而草原文化遗产是中国古代北方各民族聪明智慧的结晶，也是祖国珍贵的文明瑰宝，对这些精品文物进行研究展示，也就是从人类历史文化遗产的角度出发，揭示社会文化的发展程度、文明的历史进程。此外，对历史文化的发掘，对优秀民族文化遗产的继承与认知，是增强民族自信心与自豪感的需要，是国家走向繁荣、富强的精神动力。我期待，《天骄遗宝》这本书的出版，在此方面应有所裨益。

内蒙古自治区人民政府主席　巴特尔

2011年6月8日

天骄遗宝·蒙元精品文物

前言

　　草原文化研究是一门世界性的学问，它包括政治、经济、文化、军事诸多方面。目前，草原文化的研究已经进入了一个全新的阶段，与草原文化有关的物质文化与精神文化物化遗存的定性与定位逐渐成为现在研究的主流。草原文化的重要实物载体就是林林总总的文物。内蒙古自治区幅员辽阔，地上、地下文物遗存丰富，全国第三次文物普查已发现全区各类文物遗址点2.2万余处，目前国务院批准公布了自治区境内全国重点文物保护单位79处，内蒙古自治区人民政府批准的自治区级重点文物保护单位415处，盟市、旗县级文物保护单位七百余处。在这些文物保护单位之外，国有文物收藏单位还保存有各类珍贵文物50万件套，其中一级文物1788件，二级文物4060件，三级文物6477件。在这些文物当中，蒙元时期的文物占有重要的地位。

　　在内蒙古地区考古发掘、收藏所获取蒙元时期的文物，包括有金银器、青铜器、碑刻、货币、玺印、岩画，绘画、雕塑、陶瓷、纺织、印刷、书法、文化用品以及各种工艺美术等各个品类，涉及到人类社会政治、经济、文化、军事、宗教信仰诸多方面。这些文物承载着重要而又丰富的历史信息，在钩汲史实、补史正史方面占有了举足轻重的位置。对于这些遗迹、遗物进行系统地归纳整理研究，对于进一步研究蒙古民族的形成与发展，进而探讨蒙古高原游牧民族文化与中华民族多元一体格局的关系具有重要的意义。

　　为了深入全面地研究展示草原文化的精华，我们编辑出版了《天骄遗宝》这本书，以期勾勒出蒙元时期历史文化的概貌。本书以蒙元时期出土的精品文物为主要研究对象，选择品相精美、信息量丰富的部分文物，以草原文化产生、发展、融合的这一历史主旋律为宗旨，从历史、文化、艺术、工艺诸方面进行探讨论述，揭示其深层次的文化内涵，进而完整地

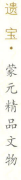

天骄遗宝·蒙元精品文物

把握蒙古族文化形成、演进的主体脉络，准确地认识蒙古高原草原文化发展的历史规律。本书精选蒙元时期的经典文物37件（组），包括绘画、雕塑、金器、铜器、瓷器、钱币、印玺、牌符诸多种类。这些文物都是蒙元时期诸多文物中的精品，信息量大，具有代表性。如本书收集到的书画类文物以台北故宫博物院收藏的成吉思汗画像为代表。现存的成吉思汗画像本为清宫南薰殿旧藏《元代帝像册》中的蓝本，现在传世及书面上的成吉思汗画像均本自于此，这幅画像是至今唯一能够探寻到的成吉思汗的实际模样，是非常珍贵的实物资料。雕塑类文物以元上都遗址出土的汉白玉龙纹角柱为代表，是元代皇城中出土石制文物的精品，充分展现了皇家宫城建筑的华丽与辉煌气势。金器中的典型文物是金马鞍与圣旨令牌。金马鞍是体现蒙古族游牧与丧葬风俗的绝品文物，具有游牧民族"四时迁徙，鞍马为家"的文化特点，又是蒙古贵族"秘葬"风俗习惯的真实反映；而元代的圣旨令牌，是代表元朝皇权的典型文物，其中的八思巴字金牌与银牌，即是传达皇帝圣旨与政令的信物，也是蒙元时期军政合一政治体制特点与国家驿站制度的综合体现。瓷器类文物以青花、釉里红瓷器为代表，这也是本书的一大亮点。内蒙古地区是元代青花瓷器出土的重点地区，其中以包头燕家梁出土的青花大罐为典型。这些青花瓷器大多数出土于元代城址与窖藏当中，具有明确的载体，绝对年代清晰，种类又异常丰富。釉里红瓷器也是在元代创烧成功的，主要特点是以铜红料为呈色剂，在高温还原焰中烧成，瓷器表面花纹呈鲜红色，以集宁路古城出土的釉里红玉壶春瓶为精品。青花、釉里红属于国粹类瓷器，它们的创烧成功，是中国陶瓷史上的划时代的大事，对之进行系统的介绍与研究，意义重大。

　　为了突出蒙元时期经典文物的特点，本书重点选择几例在篇首突出位置进行介绍，余下则按质地类别进行详解，文物体量、尺寸皆本之于原报告。另外，书中文物的时代以蒙元为大的时间范围，包括金代与西夏两个复属时间段，文中不再标示每个文物的具体时代。遴选文物的空间范围主要定位在以内蒙古为中心的中国北方草原地带，少部分代表性文物根据需要选自于其他地区。中国北方草原地带分布的蒙元时期的文物，承载着重要而又丰富的历史信息，作为一部系统、全面地反映蒙元时期文物知识的著作，集知识性、科学性、趣味性于一身是其宗旨。本书力求做到书中所录资料全、新、精。本书所录资料，皆为考古资料之精华，其文化属性、时代特征鲜明，具有较强的代表性。本书旨在最大限度地深入发掘这些经典文物的历史背景、时代信息与科技特点，将文物的精髓毫无遗漏地展示给读者，在充分研究的基础上形成一个以蒙元文化为核心的文物考古序列，进而完善了中国民族考古学体系，这无疑对于中国文物学的研究具有较大的推动作用。《天骄遗宝》这本书的出版，正是基于此点。

内蒙古自治区文化厅副厅长
内蒙古自治区文物局　局长

2011年6月9日

天骄遗宝 · 蒙元精品文物

目录

天骄遗宝·蒙元精品文物

图 版

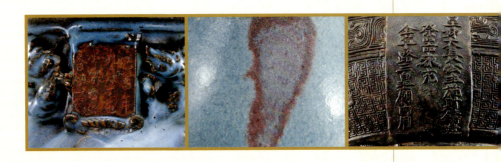

1 蒙元帝王画像

清宫南薰殿旧藏《元代帝像册》版
绢本，设色，半身像
纵 59.4、横 47 厘米
现藏于台北故宫博物院

　　在蒙古民族遗留下来的文物当中，最为珍贵的是代代相传遗留下来的帝王画像。自成吉思汗开始至元宁宗懿璘质班，共有八位帝王的画像，系明代画家临摹元朝旧本画作。原收藏在清宫《南薰殿图像·元代帝像册》中，现藏于台北故宫博物院。这八位蒙古帝王的画像，成为人们追忆蒙元时期帝王真实形象的重要实物依据，具有非常重要的文物价值。

这八位蒙古帝王分别是：元太祖成吉思汗、元太宗窝阔台、元世祖忽必烈、元成宗铁穆耳、元武宗海山、元仁宗爱育黎拔力八达、元文宗图帖睦尔、元宁宗懿璘质班。其中以成吉思汗与忽必烈画像最为引人瞩目，也颇有争议。

成吉思汗（1162~1227 年），名铁木真，姓孛儿只斤，乞颜氏，蒙古族人，元朝追庙号为太祖。铁木真出身于蒙古贵族世家，当时蒙古高原部落林立，塔塔尔人、蒙古人、克烈人、乃蛮人、蔑里乞人、斡亦刺人争夺草场，互相攻打，战争频繁。年轻的铁木真，饱经战争的磨练，他先是依附于克烈部的托里汗，其后又投奔扎答阑部主札木合，最后经过历心潜志，招兵买马，于 12 世纪 80 年代自称为汗，建立了自己的斡耳朵。铁木真自称为汗后，部落的壮大，引起了其他部落的不满，札木合于是集结泰赤乌等十三个部落三万人大举进攻铁木真，铁木真将兵力分为十三翼迎敌，在鄂嫩河战败，但名声大震，其后铁木真与王罕联合击败扎答阑部与泰赤乌部，势力更加壮大，经过精心准备，在 1202 年又一举彻底歼灭塔塔尔四部。壮大了的铁木真部落势若破竹，于 1203 年打败王罕，随后消灭了克烈部，1204 年，乘胜追击，相继击败乃蛮部与蔑儿乞部，统一了蒙古高原，铁木真成为蒙古高原最大的统治者。1206 年，铁木真大会诸王于斡难河(今鄂嫩河)之源，召开忽里勒台大会，树九游白旗，即蒙古大汗位，号"成吉思汗"。

成吉思汗建国后，完善了国家政治制度，制定了相应的军事、政治、法律等制度。首先建立千户制，成立怯薛军，颁布"大扎撒"，并制定统一使用的文字，加强各部落之间的经济联系和文化交往，对蒙古社会的发展起到了很大的促进作用。蒙古汗国的成立，周边地区的其他部落相继臣服，吉利吉思、畏兀儿、哈喇鲁等部相继归属成吉思汗。勃兴的蒙古汗国随后进行大规模的领土扩张，1211 年，南下攻打金朝，1219 年，成吉思汗以 20 万大军西征，攻打花刺子模，1226 年，出征西夏。蒙古汗国的版图一度扩大到中亚和叶尼塞河地区。成吉思汗将这些征服的地区分封给长子术赤、次子察合台和三子窝阔台。1227 年 7 月 12 日，铁木真逝世于西夏六盘山军营中，时年 66 岁。成吉思汗是著名的政治家，军事家，史称其"深沉有大略，用兵如神"，毛泽东称其为"一代天骄"。他统一了蒙古诸部，攻金灭夏西征，改变了欧亚大陆的政治格局，加强了东西方的经济、文化交流，在历史上起到了重要的作用。

元太宗窝阔台（1186~1241 年），又译月古歹、月可台、斡歌歹等，成吉思汗的第三子，蒙古汗国第二代大汗。年轻时随其父南征北战，征服蒙古诸部、攻打金朝，平定西域，战功卓著，1219 年，被确定为蒙古大汗的继承人。1229 年，经蒙古诸王及贵族召开的忽里勒台大会选举，继承大汗位。窝阔台在位期间，强化国家政治体制，重用耶律楚材等大批儒士，再次颁布大扎撒，创制朝仪，建立完善的国家赋税制度，成立驿站，创建和林城，建筑万安宫，在各州郡设立达鲁花赤，强有力地奠定了国家的政治、经济基础。1234 年，联合宋朝灭掉金国，

元太宗窝阔台

其后又侵宋、伐高丽，曾命拔都西征，深入欧洲中部，使蒙古汗国的疆域更加辽阔。蒙古汗国在窝阔台统治时期，政治、经济、军事制度得到了大规模的发展，在漠北兴建城市，拓展驿站网络，凿井引水，对草原地区的经济发展具有重要的推动作用。1241年11月，窝阔台逝世于胡兰山行殿，时年56岁，追谥为太宗。因窝阔台在蒙古历史上首称"合罕"，元代公文中的"合罕"是其专门的称号。窝阔台死后，第二皇后脱列哥那称制，摄理国政（1242~1246年）。

元宪宗蒙哥（1209~1259年），成吉思汗幼子拖雷的长子，蒙古汗国第四代可汗。

自幼被太宗窝阔台所抚养，与拔都、贵由等大将西征钦察、斡罗斯诸地，战功卓著。1251年夏，拔都以宗长身份与塔察儿、兀良合台、也速不花等人在阔帖兀阿阑（成吉思汗大斡鲁朵地）举行忽里勒台大会，拥立蒙哥即大汗位。蒙哥汗即位后，委派其弟忽必烈领漠南汉地军政事宜，以牙老瓦赤、布智儿、赛典赤等任燕京等处行尚书省事。1252年，命忽必烈征大理国。1253年，派其弟旭烈兀西征，攻占欣都思（印度）、怯失迷儿（克什米尔）等国。1256年，大举进攻南宋，亲自率军攻占湖南、四川等地，1257年占领大理，1259年2月，在

元世祖忽必烈

攻打四川钓鱼城时，蒙哥被炮石击伤而死，时年52岁，在位九年。后追谥桓肃皇帝，庙号宪宗。

元世祖忽必烈（1215~1294年），拖雷的第四子，蒙哥的弟弟。蒙哥即汗位后，委派忽必烈负责掌管漠南汉族聚居区的军政事务，并南征大理、南宋。在管理汉地期间，忽必烈"思大有为于天下"，潜心学习

汉文化，先后召集汉族知识分子曾海云、刘秉忠、王鄂、元好问、张德辉、窦默等，学儒治道，驻帐金莲川（现内蒙古自治区正蓝旗闪电河畔），组成金莲川幕府。1256年，忽必烈利用金莲川地区北连漠北，南临中原的区位优势，命刘秉忠在金莲川滦河北岸建开平城，修筑宫室，建立根据地。蒙哥去世后，忽必烈得知幼弟阿里不哥欲在漠北称汗

元世祖出猎图

元世祖出猎图局部

的消息，秘密潜回开平府，1260 年 3 月，忽必烈在开平城召开忽里勒台大会，在西道、东道诸王的拥立下即大汗位，建年号"中统"，建立元朝。忽必烈即位后，提倡"文治"的治国纲领，更改蒙古旧制，实行汉法，建立与中原经济基础相适应的中央集权的政治制度。建立中书省、十路宣抚司及燕京行中书省等行政机构，有力地巩固了新建王朝的统治地位。中统四年（1263 年），以开平府为上都。中统五年八月，改元为"至元"。至元元年（1264 年），升燕京为中都，并在旧城东北营建新城。至元四年正月，以大都（今北京）为都城。至元八年（1271 年）十一月，诏告天下，建国号为"大元"，取《易经》"大哉乾元"之意。至元九年，改中都为大都，确立首都，标志着元朝政治体制的基本确立。至元十年，大举进攻南宋，攻襄、樊重镇，至元十六年（1279 年）灭南宋，

元成宗铁穆耳

统一全国。

在忽必烈称汗之际,漠北的幼弟阿里不哥也在哈剌和林(今蒙古国前杭爱省哈剌和林苏木)召开忽里勒台大会称汗。忽必烈在漠南登汗位后,随后北征阿里不哥,于是开始了长达四年的正统汗位之争。这场战争以忽必烈胜利而告终,但也导致了大蒙古汗国的解体,衍生出宗藩国伊利汗国与钦察汗国。忽必烈统治的中心逐渐转移到了中原腹地。在忽必烈执政期间,对外采取了一系列的扩张措施,远征日本、安南、占城、缅甸与爪哇。对内建立和完善了一系列典章制度,使国家恢复了正常的统治秩序。忽必烈在位期间,采取立司农司、垦荒屯田、兴修水利、限制抑良为奴等一系列有利于农业与手工业生产的措施,边疆得到了开发,出现了"户口增、田野辟"的现象,社会经济

得到了进一步的恢复与发展。忽必烈以建设元上都为发端,建立元朝,奠定了统一全中国的政治基础,结束了中国历史上长达三百多年来的政治割据局面,中国出现了前所未有的、规模空前的大统一。漠北岭北行省的设立,三路宣尉司对青藏高原的统辖,中国的疆域得到了大规模的扩展,《元史·地理志》记:"其地北跄阴山,西极流沙,东尽辽左,南越海表",有元一代,其疆域达到了大规模的拓展,从而一举奠定了现代中国的版图。所以说,忽必烈建立的元朝,标志着中国历史上统一的多民族国家的形成与发展,在中国的历史上具有划时代的重要意义。忽必烈晚年体弱多病,察必皇后干预国政。至元三十一年(1294年)正月,忽必烈病逝,时年80岁,在位35年。至元三十年,以真金三子铁穆耳为皇位继承者,是为元成宗。

元成宗铁穆耳(1265~1307年),元朝第二代皇帝,蒙语称"完泽笃"皇帝,世祖忽必烈次子真金的第三子。至元三十年,曾统军镇守漠北,受太子宝。忽必烈去世后,至元三十一年四月,在其母阔阔真与权臣伯颜的支持下,被诸王在元上都拥立为帝,建元元贞(1295~1296年),后改为大德(1297~1307年)。铁穆耳即位之初,朝政较为混乱,有人指责时政:"内而朝廷,外而州县,无一事无弊,无一事无病"。针对这种现象,铁穆耳励精图治,罢黜对外扩张战争的政策,优待汉人旧臣,限制诸王投下,减免江南地区赋税,整饬律令,使社会矛盾有所缓和,所以,铁穆耳又被称为"善于守成"之君。铁穆耳在位期间,还成功地

元武宗海山

元仁宗爱育黎拔力八达

击败海都、笃哇的侵扰，迫使察合台、窝阔台两大汗国的统治者息兵请和，重振元朝在西方诸汗国中的宗主地位。大德十一年（1307 年）正月去世，时年 42 岁，在位 14 载，庙号成宗。

元武宗海山（1281~1311 年），元世祖的曾孙，太子真金的次子答剌麻八剌的长子。成宗铁穆耳去世后，右丞相哈剌哈孙秘密北迎出镇漠北的怀宁王海山，南迎海山同母弟弟爱育黎拔力八达。哈剌哈孙与爱育黎拔力八达密谋发动宫廷政变，处死了左相阿呼台、中政院始怯烈儿等异己，遣使迎立海山。大德十一年（1307 年）五月，海山抵达上都，大会诸王，二十一日登基，即帝位，六月，立同母弟爱育黎拔力八达为皇太子，并相约"兄终弟及，叔侄相传"。海山在位期间，昧于政事，任人唯亲，滥加封赏，朝

纲紊乱。至大四年（1311 年）正月，海山病卒，时年 31 岁，庙号武宗。

元仁宗爱育黎拔力八达（1285~1320 年），元朝第四代皇帝，蒙语称之为"普颜笃皇帝"。成宗兄弟答剌麻八剌次子，武宗的同母弟。武宗病卒后，至大四年三月十八日，爱育黎拔力八达即位于大都大明殿。他即位后力图改变武宗时财政枯竭、政治混乱的局面，利用儒家思想作为统治工具，罢尚书省，废至大银钞，处死武宗权臣脱虎脱、三宝奴等人，整顿朝政，裁减冗员，停止浩大的土木工程，限制诸王驸马横行害民，编纂律令，并在延祐元年（1314 年）实行科举制度。同时重用大将床兀儿统军镇守西北边疆。元仁宗为人天性慈孝，聪明恭俭，淡然无欲，深得史家好评。延祐七年（1320 年）正月，病逝，时年 36 岁，在位 10 年，年号

元文宗图帖睦尔

元宁宗懿璘质班

皇庆(1312~1313年)、延祐(1314~1320年)，庙号仁宗。

元文宗图帖睦尔（1304~1332年），蒙语称之为"扎牙笃"皇帝。元武宗次子。元英宗时出居海南，泰定帝时召还，封怀王。致和元年（1328年）七月，泰定帝死，图帖睦尔在知枢密院事燕帖木儿的钦察军的支持下，打败拥立天顺帝的梁王王禅、丞相倒剌沙等。九月，图帖睦尔即帝位于大都，改元天历。天历二年（1329年），让位于武宗长子和世㻋，是为元明宗。元明宗在漠北哈剌和林即位后返回上都时，在旺忽察都（今张北）被燕铁木儿毒死，图帖睦尔于是复位于元上都。图帖睦尔在位期间，创建奎章阁，编修《经世大典》，封赠先儒，崇尚文治。但当时以燕铁木儿为首的钦察官僚集团位高权重，燕铁木儿独揽相权，骄奢淫逸，是故元朝当时吏治日渐败坏，财政枯竭，社会矛盾尖锐。至顺三年（1332年）八月，图帖睦尔病死，时年29岁，庙号文宗。

元宁宗懿璘质班（1326~1332年），元明宗次子。元文宗图贴睦尔去世留遗诏立明宗之子为帝，右丞相燕铁木儿欲立太子燕铁古思，但卜答失里皇后不同意，而是诏立了懿璘质班，当时他年仅七岁。至顺三年（1332年）十月四日在大明殿即位，十一月夭折，庙号宁宗。

清宫《南薰殿图像·元代帝像册》中，目前只保留以上除元宪宗蒙哥之外的八位蒙古帝王的画像，这也是目前传世至今唯一能够看到的元代系列帝王画像的实物。自古以来，中国人就对皇帝相貌感兴趣，"帝王之相"的观念也深入人心。南薰殿旧藏的这些蒙古帝王画像，向世人展现了蒙元时期历代帝王们的真实面貌，成为今天我们了解蒙元时期宫廷文化最为直观的实物资料。

故宫南薰殿始建于明代，位于武英殿南，是明朝遇册封大典时中书官篆写金宝、金册的地方。南薰殿是一独立的院落，殿面阔五间，黄琉璃瓦单檐歇山顶。南薰殿共收藏了中国历代帝后像75幅，其中皇帝像63幅，唐太宗有三幅，宋太祖有四幅，最多者明太祖朱元璋有13幅。这些画像的材质、尺寸、设色品相等都有详细的记录，书首有榜题，史料性极强。

清乾隆十四年（1749年），乾隆皇帝发现所藏画像多斑驳脱落，乃命工部将内府所藏的历代帝王后妃、圣贤名臣肖像重新装裱，竣工后进呈御览，并饬令将这些图像改贮于南薰殿中，由内务府管理，每逢夏月负责检曝。事后乾隆皇帝还亲制《南薰殿奉藏图像记》以志其事。南薰殿成为专门保存这批画像的地方。这批历代帝王图像也被称作为"南薰殿图像"。嘉庆二十年（1815年），嘉靖皇帝下令将南薰殿图像收入《石渠宝笈三编》中，受命编纂的胡敬又另编《南薰殿图像考》二卷，对这批画像都进行了详细的考证记述。

南薰殿图像历经宋、元、明三代累积而成，凡卷、册、轴一百余件，图像五百八十余帧。上古五帝伏羲、唐尧、夏禹、商汤和西周武王五像位居南薰殿图像之首，是著名画家马麟所绘。宋代帝后挂轴共29幅，宋后挂轴11件，宋代帝半身像一册，宋代后半身像一册；元代部分并没有挂轴，只有元代帝像一册，元代后像一册；明代帝王像挂轴有27轴，明代后像则只有"孝慈高皇半身像"一轴，另有明朝帝后像两册，帝与后同裱于一册。就风格上看，宋代之前的帝后像应该是后绘制的，而宋元明三朝的画像始作画的年代大致和其时代相符，应为原物。这批帝王后画像在乾隆时期形成规模与体系，是乾隆皇帝衔接汉正统的表现，有如《四库全书》的编纂。乾隆皇帝的目的为"以示帝统相承，道脉斯在"，借圣人的名分"宣明德化，敷叙彝伦"，"明圣教，以淑人心"。

在南薰殿图像中的《元代帝像册》，共有八开，绘录了蒙元时期自太祖至宁宗的八位帝王。目前广泛流传于社会上的成吉思汗与忽必烈的画像皆本之于此。成吉思汗是人类历史上最有影响的人物之一，有关其本人的真实形象，受到社会的广泛关注。现在传承的成吉思汗画像，是否是其本人的真实体现？所本画像的来源如何？画像的作者是谁？这些一直是学术界探讨的焦点问题。

现今保存成吉思汗画像的真迹，总共只有两幅。一幅是现藏于台北故宫博物院的成吉思汗画像；另一幅为国家文物鉴定委员会副主任、中国收藏家协会会长史树青先生1953年从民间征集到的，现收藏于国家博物馆。台北故宫博物院收藏的成吉思汗画像即为清宫南薰殿旧藏《元代帝像册》的第一开绢本，设色半身像，纵59.4、横47厘米。书写有榜题："元太祖皇帝，即青吉思汗，讳特穆津，在位二十二年，父曰伊苏克伊，是为列祖皇帝，起宋宁宗开禧二年丙寅，金章宗泰和六年，终宋理宗宝庆二年丁亥，金哀宗正大四年。"这幅成吉思汗画像，和其他蒙元帝王画像尺寸相同，共装一册。

现藏于国家博物馆的成吉思汗画像

收藏在国家博物馆的成吉思汗画像编号为1084号，纵58.3、横40.8厘米。画像为白笺纸地，淡设色的半身像。成吉思汗的形象是宽额方圆脸、面赭赤、目光深沉而敏锐、表情慈祥。头戴外白里黑的貂皮暖帽，身着浅米色毛绒衫，连鬓胡须，黑白相间，额前有发微露，左右分披，冠下耳后垂发鬓。画像的榜题写有："太祖皇帝即成吉思罕讳帖木真"几个字。1962年初，启功、史树青等著名专家对该画像进行了鉴定："从纸地、墨色、人物形象、题鉴文字和用笔等方面考察后，一致断定这是一幅元人的作品。"史树青先生由此认定：今收藏在国家博物馆的成吉思汗画像是世界上最早的、最真实的，是国家一级文物。而现藏台北故宫博物院的成吉思汗画像，其形象和服饰，与北京国家博物馆的画像基本相同，但时代要晚一些，属于明代的临摹品。

可是如果仔细观察这两幅成吉思汗画像，除了尺寸略有差别外，其他如成吉思汗的面相、装束、表情基本上一致，这说明是出自同一个画家之手，或者是相互临摹成像所致。所以，这两幅成吉思汗画像如果简单地将成像年代一幅框定于元代，而另一幅框定于明代，似乎有失偏颇，也不合乎情理。所以，这两幅画像应当是成像于同一时代，以明朝与蒙古人的关系来看，成像于元代应大致不谬。

关于成吉思汗的具体形象，只在南宋使臣赵珙在《蒙鞑备录》一书中有过描述："其身魁伟而广颡（宽额），长髯，人物雄壮，所以异也"。公元1221年，南宋使臣赵珙奉命出使蒙古，曾经觐见过成吉思汗，这是目击者当时的亲历记载，应当可信。如果以此描述来分析目前的这两幅成吉思汗画像，虽然不一定完全与成吉思汗本人一模一样，但与本人的真实面貌还是应当很接近的。从画像所表现的内容上看，这幅肖像画应为成吉思汗暮年之像，神情沉稳，充满了睿智，体现了一代天骄的博大、聪慧的精神境界。

那么，传世的成吉思汗画像究竟出自于何人之手？如果仔细比对成吉思汗画像与忽必烈的画像就会找到一些端倪。在《元代帝像册》中的成吉思汗与忽必烈画像，帽饰、发饰、面饰与衣饰风格基本上一致。成吉思汗在世时，据传曾不允许为他作传记，不允许为他作画，不允许把他的名字刻在任何物体上，更不允许死了之后为他建陵墓。所以，在成吉思汗时代不可能留下他自己的画像。那么，也就是说，这幅成吉思汗画像是在忽必烈时代留下来的，而且是以忽必烈本人面容为本画出来的画像。在元代，设有专门供奉历代帝王御容的神御殿，旧称影堂。供奉的御容都由纶绮局织锦而成，这类画像大多是在帝王殁后所制，有的甚至是临摹或追摹而成。据《元史·祭祀志》所载，至元三年（1266年），忽必烈兴建太祖庙，供奉先祖、先帝和已故至亲的神位。"至元十五年（1278年）十一月，命承旨和礼霍孙画太祖御容"。和礼霍孙所画的太祖御容，应当是最初的成吉思汗像。和礼霍孙是元代蒙古人，初任元世祖宿卫，至元五年（1268年），任翰林侍制兼起居注，升翰林学士承旨九年，与怯薛、蒙古官员子弟同入蒙古字国子学，学习新制八思巴字，后审定《至元新格》。据此可知，和礼霍孙是元世祖的近臣，是宫廷画家。和礼霍孙虽然没有见过成吉思汗本人，但他在作画时，曾得到了忽必烈的具体指点，他绘出的太祖画像，是经过忽必烈钦定的，与忽必烈本人最为接近。忽必烈称帝以后，封成吉思汗为元太祖，谥封时候发现成吉思汗还没有画像，无法在人庙陈列牌位，于是召集和礼霍孙等人画成吉思汗画像，由于没有所本，宫廷画匠们基本上是参照忽必烈相貌的轮廓，加上别人提供的印象，又作了一些艺术处理和美化，才把成吉思汗的画像绘了出来。

和礼霍孙既然画了成吉思汗的画像，是不是他也画了忽必烈的画像？目前学术界也有另一种说法，认为台北故宫南薰殿入列的元代皇帝忽必烈、皇后察必的画像是元代著名的画家刘贯道所为。元末夏文彦在《图绘宝鉴》中记述刘贯道："至元十六年写裕宗御容称旨，补御衣局使"。在元初画家中，刘贯道的绘画技艺"集诸家之长，故尤高出时辈"。据史料记载："刘贯道，字仲贤，中山人，工山水，鸟兽，花竹，尤道释人物，应真人物变化，态度尤雅。"其存世的作品仅有《元世祖出猎图》、《消夏图》和《晴雪图》三幅。工笔重彩人物画《元世祖出猎图》现藏于台北故宫博物院，题款有"至元十七年二月御衣局使臣刘贯道恭画"，是其传世名作。细观《元代帝像册》中的忽必烈形象，写实主义风格浓郁。如果以《元世祖出猎图》中的忽必烈画像与南薰殿忽必烈画像对比验证，服饰和人物造型特征非常相符。《元世祖出猎图》和南薰殿忽必烈画像均属于工笔重彩画，两幅画所使用技法特征和色彩搭配犹出自一人之手。所以，也有一种观点认为，作为宫廷画家，又主管皇室服装设计、采购、制作和管理的"御衣局使"的刘贯道，也可能画了忽必烈的画像。

中国古代肖像画家多属画工之类，南薰殿所藏的历代帝工后妃和圣贤名臣像或为原本写真，或为临摹本，或为后世臆想之作，可以肯定大多数都出自宫廷画院的画家之手。《元代帝像册》中的蒙元帝王画像，或出自于和礼霍孙，或出自于刘贯道，应属于元代著名宫廷画家之名作毫无疑问。至于国家博物馆藏成吉思汗画像与台北故宫博物院所藏成吉思汗画像何者为先并不重要，重要的是作为一代天骄的伟人画像由此传承，实乃值得欣慰。

（陈永志）

2 汉白玉龙纹角柱

元上都遗址，位于内蒙古自治区锡林郭勒盟正蓝旗水草丰美的金莲川草原上。

元末代皇帝元顺帝妥欢帖木儿，在大都被朱元璋攻陷之后，北走上都即位。清冷的早晨，他站在先帝营建的上都，留下了一首流传极广的蒙文诗——《忏悔诗》，表达了他对失去大都的哀伤和对上都的感慨："以诸色珍宝建造的淳朴优美的上都，先帝们的营夏之所，我的上都沙尔塔拉，凉爽宜人的开平上都，温暖美丽的我的大都，丁卯年失陷的我的可爱的大都，清晨登高眺望，烟霞缥缈。乌哈葛图可汗我（元顺帝）御前曾有拉哈、伊巴拉二人，虽曾识破，但却放弃了可爱的大都，生性愚昧的那颜都各自跑回自己的领地，我哭也枉然，我好比遗落在营盘的红牛犊。……"

这座"先帝们的营夏之所"、"凉爽宜人的上都"，就是元世祖忽必烈最早营建的一座都城。在整个元朝，它具有和大都一样重要的政治地位，因此又被称为"夏都"。

史载，元上都宫城内建有大安阁、穆清阁、水晶殿等著名殿阁。清理的元上都宫城1号建筑基址，位于宫城正中央，为东、西、南三城门相对的大街交汇处。这处殿址不但位置十分重要，而且规模较大。1996年，内蒙古自治区文物考古研究所的学者对1号基址进行了发掘，在下层基址内，清理出了两处汉白玉角柱，一处集中于基址东南角略偏西处，共残存13块；一处位于西南角，一件，除底角和上角部略有残损外，基本完整，我们现在看到的就是这件。

据原发掘报告描述，角柱顶端正中有一长0.14米，宽0.12米，深0.09米的方形卯孔。角柱的四个侧面中，外露的南、西两面制作十分规整精细；与墙体相接的另两面只经粗略加工，表面较为粗糙。

汉白玉龙纹角柱
高2.1、宽0.53、厚0.52米
1996年出土于内蒙古自治区锡林郭勒盟正蓝旗元上都遗址
现藏于正蓝旗博物馆

南、西两面四周均刻有边框，两侧边框宽 6 厘米，上边框宽 20 厘米，下边框宽 16 厘米。在边框内各浮雕有精美的腾龙一条，并有花卉图案相衬。两侧图案相同，相互对称。龙头相背前伸，嘴微张，牙外露，双角直立，龙须上扬，龙身弯曲，身上密布规整的龙鳞，五爪。龙体周围饰以繁密的牡丹、菊花、荷花和莲藕等花卉。雕刻的龙纹神态飘逸，形象逼真，图案十分精美，表现出纯熟精湛的雕刻技法。汉白玉角柱残块集中出土于基址东南角略偏西处，仍位于砂岩基石的西南角上，仅余基部，且东南角部残损。宽、厚均为 0.53 米，残高 0.41 米，从南、东两侧面仍可看出边框和底部的花卉图案，与西南角柱图案完全一致。其余残片皆为浮雕图案各部位残块，有龙体、龙鳞和花卉等，应为汉白玉角柱砸碎后的残留，加工精细，技法纯熟。

汉白玉角柱所属的下层建筑基址可能属于忽必烈至元三年（1266 年）建造的大安阁旧址。大安阁，是上都的主要宫殿，相当于大都皇宫的大明殿，皇帝在这里登基、临朝、议政、修佛事，与诸王、大臣聚会，接见外国使者。元武宗即位于上都，受诸王文武百官朝于大安阁，大赦天下。《马可·波罗游记》中说到："和烈汗在都城用大理石和（其他）石头建造了一座宏大的宫殿，大厅和层间涂上了黄金，然后用各种各样的鸟兽和花卉图案加以装饰，精美绝伦，巧夺天工，让人叹为观止。"书中所记述的就是大安阁，由此可以想见大安阁的重要和繁华。因为大安阁在元代历史地位非常重要，所以近代学者对其在元上都

汉白玉龙纹角柱侧面

的位置多有考证。1 号基址发掘之前，学者之间对于大安阁的位置存在争议，但是 1 号基址发掘之后，从其所处的正中位置和建筑规制，以及出土的制作精美的汉白玉浮雕龙纹角柱，并结合文献和元人诗歌分析，学者多认为这处宫城中央的台基即是大安阁旧址。

大安阁所在的元上都，经历了一个由盛而衰的过程。太祖元年（1206 年），铁木

汉白玉龙纹角柱出土地点大安阁遗址

元上都宫城遗址

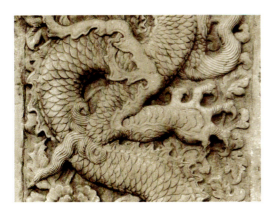 

汉白玉龙纹角柱局部

真被推举为蒙古大汗，号成吉思汗，建立了大蒙古国。在随后与金朝的战争期间，成吉思汗经常来这一带避暑。此后，金莲川地区一直是札剌儿部木华黎家族的世袭领地。忽必烈在即位之前，在汉族佛教僧人刘秉忠的帮助和策划下，即已开始营建这里。中统元年（1260年），忽必烈即位，正式在此设立开平府。中统四年（1263年），升开平府为上都。元朝的政治中心转到北京之后，上都仍然是和大都并存的"夏都"，皇帝每年都要在夏秋季节来上都避暑，处理政务。据《马可·波罗游记》记载，马可·波罗就是在上都觐见忽必烈的。忽必烈之后，有元成宗、武宗、天顺帝、文宗、顺帝五位皇帝即位时的忽里台是在此召开。随着元朝统治由盛转衰，《元史》记载，至正十八年（1358年），

以关铎、潘城、沙刘二等为首的元末起义的红巾军，攻破上都城池，"焚宫阙，留七日"。到至正二十八年（1368年）闰七月，明军攻打大都，顺帝仓皇北逃。八月十五日到达上都，有史书记载当时的元上都"经红贼焚掠，公私扫地，宫殿官署皆焚毁，民居间有幸存者"。

经过两次战争和焚烧，元上都大安阁及其他诸宫殿官署随着元朝的灭亡，也变成了残砖断瓦，掩埋在凄凄荒草和历史的尘埃下。而今，只有这件尚算完整的汉白玉角柱，在默默述说着往日的赫赫帝国。可谓金莲川上清秋节，草原古道音尘绝，音尘绝，西风残照，可汗宫阙。

（程国锋）

21

3 鎏金莲花座菩萨铜像

鎏金莲花座菩萨铜像

高 45 厘米

内蒙古自治区阿拉善盟额济纳旗黑城古城遗址出土

现藏于内蒙古博物院

　　该座菩萨像为铜质鎏金。菩萨戴着镂雕精美的莲花宝冠，双目微闭，神态端庄而慈祥。天冠台为覆莲，顶上佛为三，中间较大，左右两侧各一，耳环为法轮状。身披天衣，袒胸露背，斜披璎珞，带项饰，腰系贴体罗裙，显露出健美婀娜的体形，臂膀圆润莹洁，两足赤裸丰润，十指纤细修长，脸庞为鸭蛋形，长而弯的柳叶眉和微张的凤目，樱桃小口，发髻高耸。左膝盘屈，右膝弯曲，右手抚右膝，为典型的轮王坐，盘坐于莲花座之上。莲座造型较简单，由上下正反两层莲瓣组成。

鎏金莲花座菩萨铜像侧面

鎏金莲花座菩萨铜像正面

黑城古城遗址，位于今内蒙古自治区额济纳旗达来呼布镇东南25公里处。为西夏王朝边防重镇黑水镇故城。1226年成吉思汗在第五次攻打西夏的战役中，首先攻占该城。至元二十三年（1286年）设路总管府，称亦集乃路，为纳怜道上的重要枢纽。"亦集乃"为西夏语"黑水"之意。元末明初，在黑城还曾设置甘肃行省亦集乃分省，与亦集乃路并存。天元年间北元仍据守此城，后沦为废墟。

亦集乃路地处西部，多荒漠，人口稀少，路、州建制下不再设县。在黑城古城内出土了大量文书，城市的功能很明确，地处于沙漠之中，依靠绿洲灌溉农业维持给养。亦集乃路的黑水河流域，在西夏时即有土著的党项人从事农业生产，元朝在这里军屯与民屯并举，开凿了许多渠道，绿洲灌溉农业成为当地的主要经济。亦集乃路由于其特殊的地理位置，决定了城郭的狭小。但麻雀虽小，五脏俱全，城内的显要位置为佛教寺院所占据。从城市的布局来看，亦集乃路突出了世俗的地位，城市居民的商业贸易、宗教信仰在城市规划布局中占据了很重要的位置，而官署则居于次要的地位。

20世纪初，俄国人和英国人曾多次对黑城古城遗址进行盗掘。1927~1931年中瑞西北考察团曾进行过发掘。1983~1984年，内蒙古自治区文物考古研究所会同阿拉善盟文物工作站，对黑城古城遗址进行了科学发掘，基本揭露了城内主要部分的建筑遗址，取得了这座城址建制沿革和城市布局的考古资料。此次发掘出土文化遗物甚丰，除了日常的铜、铁、陶、瓷器外，还有大量文书、宝钞和宗教用品等。文书包括汉文、西夏文、畏兀儿体蒙古文、藏文的写本和刊本，以写本世俗文献为主，包括了书籍、公文、诉状、契约、账册和书信等，为研究蒙元时期该城及这一地区的政治、经济和文化状况提供了大量详实的资料。黑城原来修筑于额济纳河下游的绿洲地带，通过开凿河渠，发展起来了绿洲农业。后来由于河流改道，现今成为一条干涸的河床，沿岸的绿洲成为一片荒漠。黑城废弃后，为风沙所覆盖，许多遗存，尤其是大量的文书，得以很好地保存下来，成为反映古代城址物质文化生活全貌的"活化石"。

蒙元时期的佛教，大体可分为汉地佛教（禅宗）和藏传佛教（喇嘛教）两派。汉地佛教在平民中的影响较大，而藏传佛教主要依附于皇室。内蒙古境内蒙元时期草原城镇的藏传佛教非常发达，占有极其重要的地位，对亦集乃路遗址的考古发掘表明，佛教是当地居民信仰的主要宗教。古城内发现的佛教遗址达六处之多，西北隅城墙上至今仍然耸立着覆钵式佛塔，城外西关和南关分布着密集的残塔基址。黑城古城在西夏为黑水镇燕军司驻地，党项人崇信藏传佛教噶玛噶举派。到元代，亦集乃路的居民以唐兀人和汉人为主，信仰的佛教派别不会有太大改变。亦集乃路出土的大量文书中，对此亦有所反映。文书中所见的佛寺名称有太黑堂、圣阴寺和如来寺等。还出土了大量的佛经残页，包括汉文、西夏文、藏文和畏兀儿体蒙古文等。在《马可·波罗游记》中，提到诸王封地也有偶像教徒（即佛教徒）。亦集乃路总管开凿合即渠时，要借助"西僧"的力量，西僧即指藏传佛教的僧人。鎏金莲花座菩萨铜像的出土证明当时亦集乃路城内佛教文化的高度发达。

另外在黑城遗址还出土了一件鎏金菩萨铜像（见本书"鎏金菩萨铜像"一文），造型工艺同样精美绝伦，可与本鎏金莲花座菩萨铜像相媲美。

（李艳阳）

27

4 鎏金菩萨铜像

鎏金菩萨铜像
高 38 厘米
内蒙古自治区阿拉善盟额
济纳旗黑城古城遗址出土
现藏于内蒙古博物院

该像铜质鎏金，菩萨着五叶冠，胸佩璎珞，是元代佛像中的精品。

1260 年（中统元年）忽必烈即位，任西藏高僧八思巴为"国师"，让其统领诸国释教，实际上是佛教的最高领袖，同时还兼管吐蕃地区军民事务。到了元朝中后期，佛教逐渐凌驾于各种宗教之上，元朝诸帝笃信佛事，在各地广建佛堂寺院。内蒙古自治区阿拉善盟额济纳旗黑城遗址内出土的这尊鎏金铜菩萨像，工艺之精、装饰之华丽，正是元代寺庙中供奉的佛像之精品，外表鎏金是其精到之处。

鎏金，古代金属工艺装饰技法之一。用涂抹金汞的方法镀金,近代称"火镀金"。这种技术在春秋战国时已经出现。汉代称"金涂"或"黄涂"。鎏金是一种金属加工工艺，亦称"涂金"、"镀金"、"度金"、"流金"，是把金和水银合成的金汞剂，涂在铜器表层，加热使水银蒸发，使金牢固地附在铜器表面不脱落的技术。古代鎏金的方法大体可为五个过程：

1．仿“金棍”。预备一根铜棍，将前端打扁，略翘起，沾上水银，晾干即成“金棍”。

2．煞金。即溶解黄金，放入坩埚内加热至400℃左右，然后倒入水银搅动使金完全溶解于汞后，倒入冷水盆中，使之冷却成为白色稠泥状的金汞合剂，叫做“金泥”。

3．抹金，即在器物上涂抹金泥。用磨炭打磨掉铜饰件表面铜锈后，用“涂金棍”沾上金泥与盐、矾的混合液均匀地抹在器物表面，边抹边推压（现代匠师称此手法为“拴”，三分抹七分拴），以保证金属组织致密，与器物黏附牢固。

4．开金。将烧红的无烟木炭放在变形的铁丝笼中，用金属棍挑着，围着抹金的地方烤，以蒸发金泥中的水银，其色亦由白色转为金黄色，使黄金紧贴器物表面。如要求金属较厚，即要将上述过程反复多次。

5．压光。用玛瑙或硬度达到七八度的玉石做成的压子在镀金面反复磨压，把镀金压平，用以加固和光亮。

黑城古城遗址，坐落在内蒙古自治区阿拉善盟额济纳旗达来呼布镇东南25公里处的弱水河东岸，始建于西夏时期，是“丝绸之路”上现存最完整的一座西夏古城。相传，当年黑城有一个守将，名叫颜铁木尔，人称“黑将军”，此人英勇善战，威名远扬。后来敌军进犯黑城，久攻不下，就把河水截断。黑将军在既无饮水、又无援军的困境中，只好决定率众突围，与敌军决一死战。出战前，黑将军下令将镇城之宝——西夏皇冠，以及几十车金银珠宝投入城内的一口枯井中。为了不使亲人遭受入侵者的蹂躏，黑将军挥泪让自己的妻女殉身护宝。他们乘着夜色突围，英勇奋战，但终因寡不敌众，战死于乱军中。后来人们为了纪念黑将军，便把这座古城称为“黑城”。几千年来，黑城一直是少人问津，然而随着西部大开发的深入以及旅游业的逐渐兴起，黑城迎来了一批批中外学术研究者和探险旅游者。只是现在人们只能看到几乎被黄沙淹没的高大城墙以及城内被黄沙湮没而又时隐时现的宫殿基址，也许以后在这些宫殿基址内，还会发现像鎏金铜菩萨这样的精美文物。

（徐　峥　史静慧）

5 圣旨令牌

银质鎏金八思巴文圣旨令牌
长 30、宽 8、厚 0.1 厘米
现藏于内蒙古自治区文物考古研究所

　　1998 年 12 月，在内蒙古博物馆三楼会议室，全区十大精品文物评选活动正在举行，二十几位文物考古专家神态庄重，表情严肃，对自治区境内的上万件文物进行着认真的筛选。内蒙古自治区文物考古研究所收藏的一枚元代的八思巴文圣旨长牌名列榜首，一举入选自治区十大精品文物。

　　这枚长牌，银质，鎏金。首部有一圆孔式环形纽，环纽可以自由旋转，便于系挂，一侧面刻划有"丁字八十号"五个汉字，长牌正面阴刻双勾体巴思八字三行，反面两行，长 30、宽 8、厚 0.1 厘米。这是一件十分珍贵的元代的牌子，保存十分完好，属于

国家一级文物。有关蒙元时期牌符的实物，根据以往公开发表的材料统计，目前为止，包括圆牌长牌国内外仅发现 17 枚，由于质料的限制，长牌发现得更少，除此件长牌以外，完整者仅存世 7 枚，它们是：

　　1. 1845 年，在第聂伯河畔出土一枚长牌，学界称之为"金帐汗长牌"，银质。圆孔式环形纽，首部阴刻有龙、鸟纹饰，牌身正反面阴刻古畏兀儿蒙古文四行，文字内容相同。

　　2. 1846 年，在俄国叶尼塞州米奴辛斯克发现一枚长牌，银质金字，首部有圆孔式环形纽，一侧刻划有"口字四十二号"六个

金质八思巴文圣旨令牌

长 25.7、宽 8.1、厚 0.3 厘米
现藏于内蒙古大学民族博物馆

汉字。牌身正面阴刻三行八思巴字，反面两行八思巴字。

3.1853年，在贝加尔湖纽克斯克发现另一枚长牌，形制与牌身文字内容与米奴辛斯克长牌相同。

4.1934年，在前热河省发现一枚长牌，铜质金字，首部有一圆孔式环形纽，正面书写"天赐成吉思皇帝圣旨疾"十个汉字，背面契丹文。此牌现藏于日本京都大学。

5.1934年，在前热河省又发现一枚长牌，牌子的右上角残缺，质地、文字与京都大学所藏长牌相同，现藏于日本天理大学。

6.1998年，河北省廊坊市文物商店征集到一枚长牌，银质金字，首部有一圆孔式环形纽。牌身正面书写"天赐成吉思皇帝圣旨疾"十字，背面为契丹文字。

7.2000年，在内蒙古自治区兴安盟科尔沁右翼前旗索伦镇发现一枚长牌，金质，首部亦有一圆孔式环形纽，环纽一侧面凸起处刻划有"张字九十六号"六字。牌身正面阴刻双勾体八思巴文三行，反面两行。

上述长牌，大部分在国外收藏，在我国收藏加上这一件仅为三件，其中银质鎏金双面八思巴字者只有这一件，由此可见其价值。由于牌符作为行使特殊职权时的一种信物，其形制、质地及文字内容也根据行使职权的不同而有所变化。对于蒙元时期的牌符，一些相关史书也有记载，《蒙鞑备录》云："所佩金牌第一等功臣带，两虎相向曰虎斗金牌，用汉字曰成吉思皇帝圣旨，当便宜行事。其次曰素金牌，曰天赐成吉思皇帝圣旨疾。又其次乃银牌，文与前同。"《黑鞑事略疏证》曰："鞑人止有虎头金牌、平金牌、

平银牌。"《元史·兵志一》载："万户、千户、百户分上、中、下。万户佩金虎符，符跌为伏虎形，首为明珠，而有三珠、二珠、一珠之别。千户金符，百户银符。"由上述记载可见，蒙元时期牌符的类别主要有金牌、银质鎏金牌、银牌、铜牌等几种。金牌为顶级牌符，为万户、千户或者皇族、钦差佩带使用。银质牌符包含银质鎏金这一类牌子，属于牌符中仅次于金牌的一种，为百户以下官员佩带。《蒙鞑备录》中所言的"素金牌"应指银质鎏金类牌子。此类牌子受质料的限制，一般呈长条形片状，多锻造或手工打制，首部有一圆孔式环形纽，环纽可以旋转活动，便于系挂。此类牌子根据目前发现的实物，其长度一般在25厘米至30厘米，宽8厘米左右，环纽孔径在2厘米左右，厚0.1厘米至1厘米不等，从形制上看，应当是《黑鞑事略疏证》中所记的"平金牌"、"平银牌"，意为无繁琐的装饰，此次在清水河征集到的长牌即属于此类。

清水河长牌正反面镌刻有双勾体八思巴文，根据内蒙古大学齐木德道尔基先生的考证，文字内容为："依靠长生天的力量，皇帝的名字是神圣不可侵犯的，不尊敬服从的人，将会被定罪致死。"显然，这枚长牌应属元代令牌一类。令牌为皇帝颁发圣旨或传达皇帝口谕及其他政令的牌子。此类牌子上所书写的文字内容基本相同，有时与高层官员的身份牌通用。由于地域的广大，多民族的聚集，蒙元时期牌符上的文字有汉文、契丹文、畏兀儿蒙古文、八思巴文、藏文、波斯文等多种。多种语言文字的并用，反映出蒙元时期的牌符制度由兴起到逐渐完善

夜巡牌正面   夜巡牌背面

的这样一个历史过程。

  蒙古民族以前并没有文字，结草或刻木记事。在频繁的对外战争中，接触到了契丹人、女真人以及中原汉人先进的文化制度，以文字牌符为信验的方法于是被接收，并通用于蒙古民族政治、经济、军事生活的方方面面。1204年，成吉思汗战胜乃蛮部落，俘虏其掌印官塔塔统阿，命其创造本民族文字。塔塔统阿以畏兀儿字字母拼写蒙古语，从而发明了古蒙古文，即是畏兀儿蒙古文，成为蒙古汗国的官方文字，以后一直在蒙古族上层社会中流传使用。忽必烈即汗位之后，多民族国家的建立与发展，急需要一种新的官方文字，以适应新形势的需要。于是中统元年（1260年）即汗位之时旋即令国师八思巴创制一种统一使用的新文字。至元六年（1269年），

八思巴字创制成功，忽必烈于是"诏颁行于天下"，"自今以往，凡有玺书颁降者，并用蒙古新字，仍各以其国字副之"。至元八年（1271年）十一月，忽必烈建国号"大元"，八思巴字正式作为"国字"在元朝使用。所以，这枚清水河长牌应是元朝颁行八思巴文字之后锻造发行的。

  在清水河长牌的环状旋纽上以硬物刻划有"丁字八十号"几个汉字，则应是这类牌子发放时的临时编号，在其他元代牌子上亦发现有类似的标示，由此说明元代对牌符具有一套严格的管理制度。成吉思汗时期，蒙古汗国属于军政合一的政治体制，牌符的使用，由各怯薛长、万户、千户、百户负责管理与发放，主要应用于军事，用以传达圣旨、军令、调发兵马。成吉思汗征服乃蛮部后，利用塔塔统阿学习契丹、女真人的牌符

制度，将其进一步规范化，有了固定的形制与统一使用的文字。以后，随着元王朝各民族统一国家的建立，政治、军事体制的成熟与发展，其牌符制度也逐渐完善起来。元朝最初的牌符，由中书省负责管理发放。由于牌符的使用范围非常广泛，是故中书省下属的"吏、户、礼、兵、刑、工"六部皆设有监印、知印之官，中统元年（1260年）初设符宝郎，负责管理金银牌符；至元十四年（1277年），工部设"诸司局人匠总管府"，"领两都金银器盒及牌符等"；至元十六年（1279年），成立符宝局；至元十七年（1280年），改立牌符局；大德十一年（1307年）正式成立典瑞院，官从二品，专门负责元朝的玺印、金银牌符的各项相关事务。典瑞院下设有院使、同知、佥院、同佥、院判、令使、译史、知印、通事、宣使等十四职，元朝的

牌符机构至此趋于完善。由于牌符的种类较多，涉及到方方面面的部门，是故其管理机构也颇多庞杂。元朝初期，牌符曾由中书省负责管理发放，后来由典瑞院负责发放、铸造、印刻、收缴及其他相关事宜，而驿传所用牌符，特别是金字、银字圆牌专由兵部负责管理发放，牌符上文字的内容，则又由翰林院具体掌握。翰林院专门设有回回国子监、蒙古国子监等分属机构，由承旨、蒙古必阇赤、译史、书写等所属官员负责牌符所用文字、格式及规定内容的编排、规划、译写、刻印等内容。由于牌符象征着权力，是特殊身份、地位的标识，持牌者可以授命宣读皇帝的圣旨，代行皇帝的职权，同时还享有其他特权、待遇，并可以世袭，于是持牌者构成了元代社会较为特殊的特权阶层，他们持牌他用，或敲诈勒索普通百姓，或向站户索要辅马钱物，或用于经商，到了后来，牌符实际上成了诸王公贵族外出牟利、欺压百姓、勒索财物的凭证。如元朝的回回商人即是"持玺书，佩虎符，乘驿马，名求珍异"。由于牌符管理混乱，管理机构庞杂，到了元朝中后期，一度出现了"滥给"的现象。

牌符，作为我国历史时期一种特别的通行证，渗透于一个国家的政治、经济、军事生活的各个方面。战国时期，由"信陵君窃符救赵"一事可见牌符制度之重要，唐宋时期，牌符形成定制，在中国北方草原地区，辽金两朝的牌符制度已经较为发达，《辽史》、《燕北录》、《揽辔录》等史书对于辽金时期的牌符的形制、功能及使用方法已有详细论述，目前在河北承德、黑龙江地区已发现有辽金时期牌符的实物，其形制与后来蒙

元时期的牌符形制基本一致，而元代的"成吉思汗圣旨牌"上面还刻有契丹字，说明了二者的渊源关系。蒙古民族兴起后，首先接触的就是契丹、女真人的这种汉化了的牌符制度，并将其接纳改造。《蒙鞑备录》中对这种情况有过记载："鞑人袭金房之俗，亦置领录尚书令、左右相、左右平章等官，亦置大元帅等职，所佩金牌第一等贵臣带两虎相向曰虎斗金牌，用汉字曰天赐成吉思汗皇帝圣旨，当便宜行事，其次素金牌，曰天赐成吉思皇帝圣旨疾，又次乃银牌，文与前同，成吉思汗亦行记敕等书，皆金房叛臣教之。"蒙古人居地辽阔，生活方式为四时迁徙，流动性很强，加之频繁的部落战争与军政合一的政治体制，传达号令旨意的方式就显得至关重要。以前结草记事，口传为信，接触到契丹、女真人这种较为科学简便的牌符制度之后，旋即采纳接受。在无文字时期，用汉文及契丹字制成牌符，1204年以后，在牌符上增加畏兀儿字，八思巴字颁行之后（1269年），又统一用八思巴字，同时兼用汉字、波斯字及藏文，并在形制上增加了圆牌，在内容上细分为令牌、驿牌、身份牌等多种。至此，辽金时期的牌符制度在蒙元时期得到了极大的传承与发展，并形成了具有浓郁的本民族特点的牌符制度，从而构成了中国北方草原地区游牧民族文化的一个重要组成部分。

（陈永志　汪利琴）

6 金马鞍

金马鞍

前鞍桥饰：通高 20.8 厘米

后鞍桥饰：通高 11 厘米

前鞍翅二件：长 32.7、宽 10.6 厘米

后鞍翅二件：分别长 19、16.7 厘米

内蒙古自治区锡林郭勒盟镶黄旗出土

现藏于内蒙古博物院

这件金马鞍，包金制成，金片均用捶揲工艺，为蒙古贵族妇女用的马鞍。

前鞍桥饰主体图案为八曲海棠形浮雕卧鹿纹，以牡丹花卉纹为边饰。后鞍桥饰主体图案为忍冬纹。前鞍翅主体图案为缠枝牡丹纹，边饰莲瓣及草叶纹。后鞍翅饰卷草、栉齿及莲瓣纹。

包金是在各种材料制作的器物表面，包裹一层极薄的金箔。在西周时期已经开始有了这种技术。明代宋应星的《天工开物》

金片局部花纹

对包金技术作了具体介绍："凡包至于金，为人间华美贵重，故人工成箔而后施之。凡金箔每金七厘造方寸金一千片，粘铺物面，可盖纵横三尺。凡造金箔。即成薄片后，包入乌金纸内，竭力挥捶打成（打金椎，短柄，重约八斤）。每纸一张，打金箔五十度……

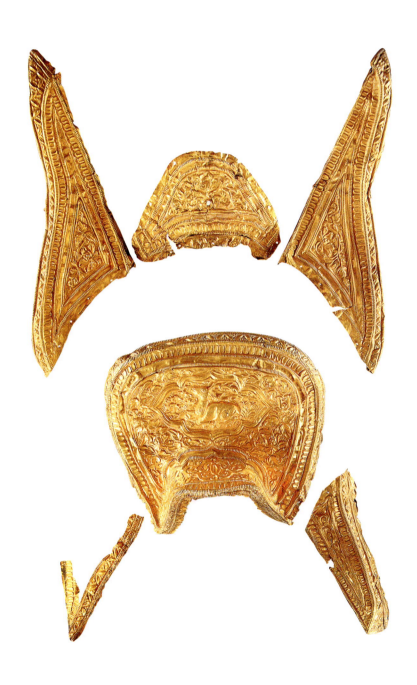

捶揲加工的马鞍金饰件

内蒙古自治区赤峰地区出土的马鞍银饰件

内蒙古自治区锡林郭勒盟出土的马鞍金饰件

凡纸内打成箔后，先用硝熟猫皮绷急为小方板，又铺线香灰撒墁皮上，取出乌金纸内箔，复于其上，钝刀界画成方寸。口中屏息，手执轻杖，唾湿而挑起，夹于小纸之中。以之华物，先以熟漆布地，然后粘贴（贴字者多用植树浆）。"

首先要将黄金捶锻成薄片，然后包入一种专用的乌金纸内再捶打成极薄的金箔。根据器物表面的尺寸用刀将金箔划成小块，以熟漆将金箔粘贴包裹于器物表面，即得包金制品。宋应星虽然讲的是明代包金技术，但将黄金捶打成金箔，再用某种具有黏合能力的物质将金箔粘合于器物表面，则是各个时期包金加工必不可少的工序。

锻打捶揲是金银器成型工艺和装饰工艺常用的方法之一，用锤子反复敲打加热后的纯金块或银块，使其延伸展开成为一定厚度的金片或银片，再剪裁成所需要的简单器形，也有将金片、银片剪裁成各种图案作装饰的。另一种方法是将金银片放置在事先做

蒙古国出土的马鞍桥饰件

好的模具中，反复捶打，成为所需要的各种器形。金银器上凸起的花纹图案采用捶揲法加工流行于唐代晚期，宋元时期盛行，在蒙古草原地带都有出土。内蒙古自治区镶黄旗出土的这件金马鞍，即是以典型的捶揲法加工的上等器物，具有浓郁的游牧民族特点。

（徐　峥　史静慧）

元代马鞍形制

7 莲花形金盏托、高足金杯、錾耳金杯

莲花形金盏托

托高 4.5、直径 12 厘米

碗高 3.5、口径 10.6 厘米

内蒙古自治区巴彦淖尔市临河区高油房西夏古城遗址出土

现藏于内蒙古博物院

金子是人类较早发现和使用的金属之一，具有光泽性强、易延展、不易腐蚀、颜色鲜艳等特点。一般用它来制作工艺品、生活器皿、货币等。金的化学稳定性高，密度大，不易被氧化，在自然界总是以游离态单质状态存在。早在公元前 3000 年，埃及人已采集和加工金，

到了公元前两千年左右，镀金、包金、镶金、以金丝刺绣等工艺已经被广泛应用。

蒙元时期手工业生产技术得到了空前的发展，金器的制造工艺也得到了大规模的提高。这一时期金器的功用由装饰品逐渐拓展到实用器，金子大量应用在普通的生活器皿上，出现了杯、盏、匜、瓶、盒、樽、奁等器皿。装饰以錾刻简单明快的缠枝蔓草纹为主，并用捶揲变换造型。内蒙古出土的莲花金盏托、高足金杯、錾耳金匜，代表了蒙元时期金器制作的最高水平。

莲花金盏托出土于内蒙古临河高油房遗址，盏托通体呈花瓣形，口沿、托盘底边及缘、足缘均錾饰缠枝卷草纹。托盏有圆柱形托座，亦为花瓣形，敞口，斜腹，口沿錾缠枝花卉纹。蒙元时期盏托几乎成了茶盏固定的附件，托口较高，中间呈空心盏状，后俗称"茶舟"、"茶船"。此莲花形金盏托做工精致，造型美观，为蒙元时期金器中的精品。

在内蒙古其他地区也出土了与之相类的金器，主要是与游牧生活有关的器皿，以高足杯、錾耳匜为主要器形，其中以锡林郭勒盟镶黄旗和乌兰察布市出土的高足杯与錾耳匜为典型。乌兰察布市出土的一件高足金杯，敞口，卷沿，深腹，喇叭状高圈足。杯腹錾三组莲花荷叶纹，圈足底边錾刻卷草纹。另有锡林郭勒盟镶黄旗和乌兰察布市兴和县五股泉出土的高足金杯，杯足、杯腹素面，无纹样装饰，这些金杯为蒙古汗国宫廷中高档的饮酒器皿。另外内蒙古兴和县五股泉出土的錾耳金匜也非常具有代表性。此錾耳金匜

錾花金碗
高 3.5、口径 10.6 厘米
内蒙古自治区巴彦淖尔市临河区高油房西夏古城遗
址出土
现藏于内蒙古博物院

为花瓣形缠枝牡丹纹，捶揲焊接而成。敞口，弧腹呈花瓣形，平底，口沿外附花边月牙形耳、耳下连一指环。耳及口沿外平錾缠枝卷草纹，内底心平錾三朵缠枝牡丹纹团花。这种錾耳匜制作精巧，在蒙古草原地带多有出土，是蒙古汗国宫廷内经常使用的高档饮酒器皿。《马可·波罗游记》和一些元人诗集中对蒙古宫廷中使用的这种高档器皿有过记载，马可·波罗曾记蒙古皇帝使用一种"金杓"饮酒，也有诗称"黄金酒海赢千石，龙杓梯声给大筵"，这里的"龙杓"即是饰有魑龙錾耳装饰的金匜，也称"金杓"，是一种饮酒器。

另一种饮酒器就是金高足杯，元代也称"金锺"，也有诗称"酋长巡觞宣上旨，尽教满饮大金锺"，由此可见这种特殊金器的用途。

世界上最早的黄金制品出现于公元前3000年的古埃及，随后，希腊、罗马、波斯、萨珊朝等都开始了对金器的广泛使用。金器在中国的发展历程也非常引人注目，早在距今约三千余年前的商周时期，已经开始出现了金制品。随后，在经历了战国秦汉时期的繁荣发展后，历经魏晋南北朝时文化大繁荣后，

高足金杯
高 14.3、口径 11.2、底径 6.8 厘米
内蒙古自治区乌兰察布市出土
现藏于内蒙古博物院

高足金杯局布花纹

内蒙古自治区锡林郭勒盟镶黄旗出土的高足金杯

内蒙古自治区乌兰察布市兴和县五股泉出土的高足金杯

到了唐代形成了绚丽多姿、成熟健康、优雅活泼的独立风格。到了蒙元时期，金器形成了比较明显的时代风格，具有鲜明的游牧文化特色，时代烙印鲜明。从总体上看，元代金器出土数量多，除日用器皿和饰品外，日常生活用品增加，以盛饮品的盏、盘、杯、匜为多。从纹饰上看，元代金银纹饰大多比较简练，或只于局部点缀装饰，以錾花为主，题材一般为元代常见的缠枝蔓草、缠枝牡丹、缠枝菊花等花卉纹。錾花的装饰技术也是蒙元时期金器装饰加工的传统工艺之一，用小锤敲击各种大小不同的金属錾子，在金属表面留下錾痕，形成各种不同的纹理，使单一的金

錾耳金杯
高 4.9、通耳长 14.4、口径 12.1 厘米，重 188.9 克
1976 年内蒙古自治区乌兰察布市兴和县五股泉出土
现藏于内蒙古博物院

蒙古国出土的螭首鋬耳金杯

卷草纹鋬耳金杯

卷草纹鋬耳金杯

属表面产生多层次的立体装饰效果。这种工艺始于春秋晚期，盛行于战国，至今依然为匠师们沿用。蒙元时期金器的装饰与著名的青花瓷一样，引入了绘画艺术，因而较之前代器物更多地充满了诗情画意，愈发清秀典雅。该时期金器造型与制作均讲究美观与精细，在金银器上普遍镶嵌珍珠、宝石，金银工艺，也开始与漆艺、木艺、玉器工艺等进行了结合，形成了蒙元时期金器的另一个装饰特点，蒙古贵族妇女佩戴的姑姑冠，就是金、木与丝织品有机装饰的典范。蒙元时期的金器不仅工艺繁复，制作技巧高超，而且造型精巧，装饰细密，每一件都是科学与艺

术完美结合的佳作，显现出草原文化的特色。金银器的造型是以适合自己民族的生活习俗为基准。花纹装饰，多以北方草原上的动物、植物为表现题材。表现出了北方草原不同时期的各游牧民族的豁达和开放的心态，在文化的发展上不断吸收和汲取外族的先进，补充融入到自己的文化中。所以，北方草原地区的金银器既有草原文化的特征，也显现出多种文化的交融与再造。总之，蒙元时期独具特色的草原金银器，在中国金银器发展史中占有重要历史地位。

（白丽民）

8 金冠饰

金冠饰
1980 年出土于内蒙古自治区赤峰市敖汉旗朝阳沟墓葬
现藏于内蒙古博物院

物以稀为贵，黄金便是如此，当这黄橙橙的金属，经过精心锻造，变成一顶华丽的金冠时，其所拥有的就不仅仅是价值上的昂贵，更在向别人昭示它的主人所拥有的权力、享有的荣耀。我们眼前的这套金冠饰出土于内蒙古赤峰市敖汉旗敖音勿苏乡朝阳沟墓葬。分别由金人像、龙纹金项饰、金龙片和金饰组成。

金人像由中间的金人和周围的四条金龙焊接而成。金人像头戴金冠，脸部尖，眼睛微闭，眼睛下部、唇上、唇下皆有稀疏的胡须，长相颇不雅观。身着通肩披肩，衣纹呈波浪形，波浪转折处尖锐。双手做虚心莲华合掌。人像趺坐。四条金龙，均长卷鼻，长身饰鱼鳞纹。佛像身前的两条龙头部在佛像腹部前方相对，身体上扬至佛像头部。佛像左右各有一条龙，头部各自朝向外侧，身体同样上扬至佛像头顶。在佛像和龙下面，是火焰纹。火焰下部似为一朵三瓣的花，叶子在花下。

这位金人，笔者认为应是元朝的一位国师或帝师，或者蒙古东部地区一位有影响力的喇嘛僧人。藏传佛教，即俗称的喇嘛教，在元代得到元廷的极度优礼，它的影响范围也遍布元朝统治所到之地，赤峰地区亦不例外。金人的胡须特别醒目，也说明他可能是一位藏传佛教僧人，因为藏传佛教允许并提倡僧人蓄胡，现在内蒙古地区的许多喇嘛仍留有胡须。

龙纹金项饰呈杵状，正中较粗，越往末端越细。正面正中为一宝杵形花纹，宝杵中部为宝相花，两边为环绕的叶脉，整体为宝杵形，且宝杵花纹凸起项身。宝杵两边各有一龙，头部有角，鼻长，与金人像中的龙造型相似。龙身较长，一直延伸到项饰末端，围绕龙身有卷叶纹。

金龙片，龙头部有角，鼻长而卷，眼睛圆睁，通体有鳞纹，两前足阔步而前似狮

金冠饰附件金人像

虎，一后足短而直，另一后足长而卷曲。整体极有气势。

杵状饰整体似花瓣，茎等饰呈宝杵状、中心饰宝相花，周连饰花瓣纹。

长形饰金片捶揲出长条花形，中饰一个四瓣花形，两侧饰花茎及叶脉纹、方胜形饰，边有穿眼。宝石丢失。

这是一套元代蒙古贵族佩戴的精花冠饰。如果没有被盗和扰动，宝石还存在，金冠会更加迷人。整套冠饰采用掐丝工艺。掐丝工艺即将金银或其他金属细丝，按照墨样花纹的屈曲转折，掐成图案，粘焊在器物上。此项工艺不仅用在宝石、金银饰上，珐琅器上也运用。整套金冠饰工艺精细、造型有力匀称，是精美的手工艺品。

这座墓葬的抢救发掘在1980年春，当时墓已被盗，墓为砖室墓，大小、形制不清，上覆有圆磨盘，磨盘似为辽代。此墓同出土有包银木碗、银牌饰、金盒、连珠银镯、水晶盒。其中金冠饰、金龙饰和本文所谈的嵌宝石金冠饰同属一个金冠。随葬品大

部分收藏于内蒙古自治区敖汉旗博物馆，另一部分在内蒙古博物院。在《赤峰金银器》和《敖汉文物精华》等书中有部分文物图片和简单描述，这批墓葬的资料尚未整理发表。

离此墓不远，还有一些零星发现，如1973年在赤峰市敖汉旗双井乡四棵树村征集的镶嵌宝石金花饰、刻花银杯，宁城县三座店乡的雕花金马鞍饰，内蒙古巴林右旗博物馆收藏的云柄四曲口刻花银杯等。

元代上层人物的墓葬是一座历史、文化和艺术的宝库。在整个内蒙古地区，元代蒙古贵族的墓葬发现的不多，赤峰同样如此。之所以这样，可能是因为元代蒙古贵族死后密葬或简葬，这样的墓葬极难被发现，极难被盗掘。但是只要发现这样的墓葬，便会出土大量精美的金银器，令人惊叹。

戴金冠的墓主人是谁呢？有学者认为墓主人和兀良哈蒙古有关系。兀良哈是一个蒙古部落，14世纪中叶，活动在蒙古东部，即大兴安岭以东，直到女真地区，北抵黑龙

江流域，南邻西拉木伦河的广大地域。和兀良哈部落临近的部落还有翁牛特部、乌齐特拉部和扎剌亦儿部。据《蒙古秘史》记载，成吉思汗分给其幼弟铁木哥斡赤斤和侄儿及其三弟合只温之子额勒只带以大兴安岭东部的广大地区。其中额勒只带分给三千人，兀良哈人占其多数。随后，兀良哈人来到蒙古东方的朵颜山驻牧。蒙古人称朵颜卫为兀良哈，这是因为朵颜卫由兀良哈部组成。成吉思汗逝世后，兀良哈人奉命守卫陵园，即布尔罕山的大禁地兀良哈，他们逐步壮大，到北元时成为兀良哈万户。至北元达延汗时，因反叛行为被残酷镇压，部众四散，有的向西北，有的遁入唐努山和阿尔泰山。随着北元的节节败退，在明朝大军的压境之下，大兴安岭以东的蒙古诸部渐渐归附明廷。明洪武二十二年（1389年），明朝政府在这里建朵颜、泰宁和福余三卫。三卫中以朵颜卫最强，明人不明诸部情况，将三卫各部都泛称为兀良哈。朝阳沟墓葬的出土地，在元代即属于兀良哈部的地望所在。且发现的随葬品，都具有元代的风格特点。

金冠是墓主人生前所戴，还是死后陪葬之物？从墓中所出的所有物品综合分析，似乎应该是墓主人生前所用，死后亦伴随主人。从金冠的造型和花纹来看，它具有浓厚的佛教色彩。金佛像的手印为虚心莲华合掌，即净三业印。《佛学大辞典》对"净三业真言"的解释是这样的：凡修法之初，忏悔法了之后，必手结莲花合掌印，口诵此真言，除净吾身口意三业之垢染也。自古印度人认为右手为"神圣之手"，左手为"不净之手"，若双手合一，就代表"神圣面"与"不净面"合一。般若心经中的"不垢不净"，即是如此。金佛像应是谦恭觉悟之态，而其周遭的四条龙，似为护卫之势。再加上宝杵、宝相花等等造型，整个金冠都笼罩着佛的色彩。元朝时皇帝崇佛，忽必烈所建的上都，即有大乾元寺和大龙光华严寺，以后诸帝对待佛教，多依世祖范例。统治者的信奉，带动了民间的佛风的兴盛。这顶金冠也从一个侧面反映了这种社会现象。

（程国锋）

条形饰件

9 明水玉人像

明水玉人像

大玉人：高 4.8、宽 2.8、厚 1.5 厘米

小玉人：高 2.1、宽 1.5、厚 0.5 厘米

三联玉人：高 2.2、宽 5、厚 0.5 厘米

内蒙古自治区包头市达尔罕茂明安联合旗明水墓出土

现藏于内蒙古自治区文物考古研究所

明水玉人像出土于内蒙古自治区包头市达尔罕茂明安联合旗明水墓，属于蒙古时期至元初时（13世纪）汪古部贵族墓葬，1978年，内蒙古自治区文物考古研究所对其进行发掘，出土了一组精美玉人像。

出土玉饰五件，共七人，通体洁白。大玉人半圆雕，坐状，双手于胸前，各持一穗状物，背面有带箍状穿孔，用于穿皮带。小玉人半圆雕，站立状，双手于胸前持一带网格状三角形杯状物，背面有象鼻穿孔。三

联玉人，跪状，双手均合与胸前，背面四角有象鼻穿孔。

这组玉人的造型具有典型的元代玉人的特点。首先开脸十分像猴脸，是用粗阔的阴刻线勾勒出眉、眼睛、鼻子和嘴，线线相连；其次，鼻子在靠近眼睛部位呈细狭状，形成了上细下宽的楔形状，鼻子头是凸起的，鼻梁低于鼻头，鼻翼不明显。在制作工艺上人物颈部用断刀法，使脖子呈深凹状，以便把头部托起。元人利用宋代的制玉技术，器物

多具有时代特色，体现了蒙古民族粗犷豪放的特点。元代出土的玉器较少，明水墓出土的这组玉器，雕琢技法及人物的面部、衣饰特征均体现了蒙元时期制玉的特点，但是比较原始，也体现了当时汪古部落的制玉水平。

这几件玉器本为一组带饰，却代表三个不同的等级。大件玉人的高度和宽度是其余人物的一倍，且衣饰华贵，手持穗状物以示权位，表明其身份是王或其他首领一级的人物，面部表情平和，似在坐受其余人物的礼拜。三个独立小人站立，双手持杯状物，面部表情高傲，似在执酒庆贺，表明这三个人的身份为立有战功的将士或官吏。三个并联人物呈跪状，并联在一起表示被缚或人身不自由，面部表情低媚，喻示这三个人为地位低下的奴隶或战俘。这组玉器生动形象地说

明了当时汪古部的社会等级状况。七个人物代表了王、将军、奴隶三个社会等级，表达了当时贵贱、高低，这种写实的造型、装束以及大小区别，坐、立、跪姿不同来表现人物的身份贵贱，这在内地传统玉器中所不见。

元代玉雕工艺高超，雕工细腻，刀锋犀利，特别是镂空雕法达到高峰，题材也多为动物或狩猎情景，内蒙古通辽博物馆藏的一件镂空玉雕，为典型代表，图案为一只天鹅藏于荷叶中，提防海东青的猎捕，极其逼真传神。

达尔罕茂明安联合旗明水墓属于汪古部贵族墓，汪古部长世居于"黑水（今艾不盖河）之阳"之地，曾在蒙古帝国的扩展中立下了汗马功劳，元世祖时在此一带建黑水新城，即德宁路。德宁路是汪古部领地的政

玉人正、侧面情况

三联玉人

其他玉人

现藏于通辽市博物馆的元代镂空玉雕

治、经济和宗教中心。其旧址即今达尔罕茂明安联合旗达尔汗苏木毛都坤兑嘎查西北约6公里处的鄂伦苏木古城。汪古部投下四路德宁、净州、集宁和砂井总管府治所，其中德宁路所在的鄂伦苏木古城兼为汪古部的统治中心。另据《马可·波罗游记》记载，丰州是汪古部的领地中心。

成吉思汗在建立大蒙古国时，分封了95个千户。汪古部受封的千户数目。从为金朝戍守边墙的诸乣部族，到大蒙古国的贵胄，汪古部的地位发生了巨大的变化。汪古部随蒙古军四处征伐，势力范围不断扩大，不仅局限于原来的阴山以北一带，阴山以南"西三州"地区也成为汪古部的管辖范围。元朝在巩固了对全国的统治以后，开始逐步限制汪古部的势力，将汪古部的活动范围主要局限于阴山以北一带，大体包括了今天的达茂旗、武川县、四子王旗、察右中旗、察右后旗和商都县的全境，以及察右前旗、兴和县的北部地区。地处达尔罕茂明安联合旗的明水墓是汪古部贵族墓的典型代表。

（李艳阳）

10 青花瓷器

青花缠枝牡丹纹罐
口径22、腹径35、底径19、高29厘米
内蒙古自治区包头市燕家梁元代遗址出土
现藏于包头市博物馆

"青花瓷器"主要是指用钴料在瓷胎上作画，然后上透明釉经高温一次烧成呈现出蓝色花纹的釉下彩瓷器。青花瓷器烧造的地点目前主要有江西省的景德镇、吉州，浙江省的玉山县和云南省的玉溪县。彩绘是青花瓷器的主要装饰手法，以白底蓝花为主。使用的呈色剂主要为钴料，在元代主要从中亚地区进口，我国云南、浙江、江西等地也有出产。青花瓷器彩绘主要为釉下彩，着色稳定，发色鲜艳，白底蓝花的装饰特点具有明净、素雅之感，有着中国传统水墨画的观赏特点，深受人们的喜爱。元青花瓷器的创烧成功，一改瓷器刻花、印花、划花、剔花及釉变的传统装饰技法，彩绘成为瓷器装饰主流，这在中国制瓷史上具有划时代的意义。

蒙古高原属于草原丝绸之路的重要起点，是古代东西文化交流与商品流通的中介地带。青花瓷器作为元朝重要的外销产品，自然会在草原地区留下相应的历史印记。青花瓷器以前在中国北部草原地带只有少量发现，自从内蒙古集宁路古城遗址考古发掘出土了一批元代青花瓷器之后，引起了人们对草原地带出土青花瓷器的重新认识。草原地带出土的元代青花瓷器为输出产品，属于青花瓷器中的精品，器体完整，类型繁多，构图丰富，胎釉装饰特点也较为鲜明，而且具有明确的出土地点，这就为元代青花瓷器的再研究提供了十分可靠的实物资料。

蒙古草原地带的元代青花瓷器一般多出土于元代的城址与窖藏当中。草原地带的城址主要为商品交换与军事防御这两种功能，元朝大一统国家的建立，这些城址军事防御的功能逐渐退化，中原手工业产品中转与交换的功能日渐凸显，所以，在这些草原地带的城址当中出土大量中原输入的各种手工业产品，其中瓷器占有重要的位置。作为瓷器中的精品，青花瓷器自然也有出土。根据目前考古发现的青花瓷器，主要有以下几个品类。

罐类。内蒙古地区出土的青花大罐完整器较少，目前发现的只有包头市燕家梁元代遗址出土的青花缠枝牡丹纹大罐。该罐圆唇，直口，短颈，溜肩，斜收腹，平底。器外壁整体彩绘，罐口至颈部绘有缠枝花纹一周，缠枝花下绘有弦纹一周，颈至肩部绘有一周菊花纹及弦纹，腹部绘一周缠枝牡丹花纹，下腹部至底绘一周莲瓣纹。施青白釉，釉色莹润光亮。现藏于包头市博物馆。

盘碟类。此类器物发现较多，典型者有如下几类：水涛纹大盘，内蒙古呼和浩特市托克托县大荒城出土，现藏于内蒙古博物院。盘心花纹为莲池鸳鸯戏水，周壁饰以海水纹作底的鸳鸯、瑞鹿、仙鹤等六组图案。

青花水涛纹大盘
直径 42.3、高 7.3 厘米
内蒙古自治区呼和浩特市托克托县大荒城出土
现藏于内蒙古博物院

该瓷器釉色鲜亮，纹饰繁复，尽显富丽华贵，为元代青花瓷中的上乘之作。青花龙纹、鸳鸯纹盘，各一件，赤峰市林西县大营子乡前地村窖藏出土，现藏于赤峰市林西县博物馆。青花龙纹盘，圆唇，敛口，弧腹，小圈足。施青白釉，釉汁莹润，白中闪青，釉下绘青花纹饰，青花颜色淡雅。外壁口沿下绘六朵缠枝菊花，内腹纹饰分为两组，以两道弦纹相隔。内腹壁绘六朵缠枝牡丹纹，内底绘云龙纹，四腿，三爪锐利，充满动感。青花鸳鸯盘，圆唇，敛口，弧腹，小圈足。施青白釉，釉下绘青花纹饰。外壁口沿下绘六朵缠枝菊花，内腹纹饰分为两组，以两道弦纹相隔。内腹壁绘四朵缠枝牡丹纹，内底绘莲池鸳鸯纹。在元青花中，这种"鸳鸯莲池纹"、"龙纹"、"水涛纹"装饰在青花瓷器中较为常见，在伊朗的托普卡比宫有收藏，在漠北的哈剌和林古城也有出土。哈剌和林古城曾出土完整鸳鸯仙鹤莲池纹盘和龙纹

青花鸳鸯水草纹盘
口径 13.8、足径 4.4、高 4 厘米
内蒙古自治区赤峰市林西县大营子乡前地村窖藏出土
现藏于林西县博物馆

青花鸳鸯水草纹盘
口径 13.9、足径 4.5、高 3.8 厘米
内蒙古自治区赤峰市林西县大营子乡前地村窖藏出土
现藏于林西县博物馆

盘及其他纹样的瓷器，现藏于蒙古国社会科学院考古研究所。

执壶类，以内蒙古集宁路古城遗址出土的青花梨形壶为典型。该器物外观呈梨形，垂腹，细白胎，圆弧形把手，把手与壶壁衔接处有圈状连接纽，曲形流，平底，无

青花龙纹盘
口径 15.9、足径 5.2、高 4.1 厘米
内蒙古自治区赤峰市林西县大营子乡前地村窖藏出土
现藏于林西县博物馆

青花梨形执壶
口径 3、底径 4.6、壶高 10、通高 13.5 厘米
内蒙古自治区乌兰察布市察右前旗集宁路古城遗址出土
现藏于内蒙古自治区文物考古研究所

釉，底心内凹。盖为圆锥状，整体捏塑成蹲坐在莲花上的小狗形状，莲花和小狗的眉眼及身体的局部以青料描绘，小狗昂首曲尾，憨态可掬。壶体双面主体饰缠枝牡丹花，把手饰线纹，流饰火焰纹。青白地釉，釉色晶莹剔透，青花浓艳浑厚，着墨重处有铁锈斑，呈蓝黑色，晕散现象明显。这种梨形壶在元大都后应房遗址曾出土一件，只有壶身，缺盖。其他青花壶多扁壶类，赤峰市林西县大营子乡前地村窖藏曾出土一件花卉纹扁壶，残缺口部及执手，细颈、弧腹、曲状流，流颈之间以"S"形瓷条黏结，高圈足，足墙外撇。青白地釉，腹壁两侧通体饰四朵连枝变形莲花纹，足墙外壁饰莲瓣纹，流身饰卷草纹。细白胎，圈足内刮釉，呈青黄色。另外在蒙古国的哈剌和林古城亦曾出

土一件双系扁壶，是一件完整器。现收藏于俄罗斯。扁葫芦状，残缺执手，小圆口，短颈，鼓腹，矮圈足，足墙呈泥条状。腹壁两侧以环线三分区，内区饰波涛纹，外区饰蔓草纹，中区为空白。

玉壶春瓶类，以内蒙古通辽市库伦旗出土的飞凤纹玉壶春瓶为典型。瓶口呈喇叭口形，细颈，弧腹，圈足。瓶身底釉呈青白色，瓶口饰有一周卷云纹，颈及上腹部满饰缠枝牡丹飞凤纹，下腹部饰卷草及莲瓣纹。与飞凤纹相对的也出土有龙纹玉壶春瓶，以内蒙古翁牛特旗梧桐花上洼元墓出土者为典型。青白釉，瓶面绘一凌空飞舞的龙，龙身盘旋缠绕瓶身，头尾相接。青料呈黑蓝色有锡斑。另外，在哈剌和林古城也出土有一件青花玉壶春瓶，仅存口颈部分，现藏于蒙古国民族历史博物馆。残长 12.7、口径 6.5 厘米。青白地，胎质细密，呈乳白色，通体饰波涛浪花纹，青花颜色鲜艳纯正。

高足杯类，以内蒙古集宁路古城遗址出土者为典型。集宁路古城在一处窖藏内出土六件，其中龙纹两件，凤纹三件，缠枝菊花纹一件。龙纹高足杯，口微外撇，弧腹，下承竹节形高圈足，细白胎，通体施青白釉，足内无釉呈黄色，内壁口沿饰有两周弦纹，弦纹下饰印花八宝纹，内底饰菊花纹。

青花飞凤纹玉壶春瓶
高 29.5、底径 9.2 厘米
内蒙古自治区通辽市库伦旗出土
现藏于通辽市博物馆

青花龙纹玉壶春瓶
高 27.9、底径 8.2、最大腹径 14.4 厘米
内蒙古自治区翁牛特旗梧桐花上洼元墓出土
现藏于翁牛特旗博物馆

白釉，足内露胎呈黄色，内壁口沿在两周弦纹内饰有一周蔓草纹，弦纹下饰印花八宝纹，底心饰菊花纹，外壁口沿和下腹部各饰一周弦纹，中间饰两只展翅飞翔的凤鸟和朵云纹，凤的颈部较细，青花发色浓翠，有铁质斑点。以上集宁路出土的这六件高足杯，有云龙纹、云凤纹、缠枝菊花纹三种，基本

青花云龙纹高足杯
高 9.5、口径 9.5、足径 3.3、足墙宽 0.3 ~ 0.4 厘米
内蒙古自治区乌兰察布市察右前旗集宁路古城遗址出土
现藏于内蒙古自治区文物考古研究所

青花云龙纹高足杯内心装饰

青花云凤纹高足杯
高 9.4、口径 9.4、足径 3.4、足墙宽 0.4 厘米
内蒙古自治区乌兰察布市察右前旗集宁路古城遗址出土
现藏于内蒙古自治区文物考古研究所

外壁腹部饰云龙纹，下饰弦纹一周，青花上有铁质斑点；缠枝菊纹高足杯，口微外撇，弧腹，下承高圈足，杯身呈倾斜状，细白胎，通体施青白釉，足内露胎呈黄色，内壁口沿饰有两周弦纹，下饰八宝纹，内底饰菊花纹，外壁饰两组缠枝花纹，下饰一周弦纹，青花上可见铁质斑点；云凤纹高足杯，口微外撇，弧腹，下承竹节形高圈足，通体施青

青花云凤纹高足杯内心装饰

上代表了高足杯的青花装饰特点与题材，此类器物发现的较多，装饰仅是细微差别而已。如在赤峰市林西县大营子乡前地村窖藏出土的云龙纹高足杯，与集宁路出土者几乎一致，青白釉，内口沿绘卷草纹，内壁腹部饰印花云龙纹，外壁腹部绘云龙纹，青花颜色浓淡分明，色深处可以见到黑斑并略有晕散。这类青花高足杯，学界对其用途多有猜测，一般认为是饮酒之用，名之为"马上杯"。在江西高安窖藏内曾出土一件青花高足杯，杯心内书写诗句："人生百年常在醉，算来三万六千场"，据此推断高足杯为酒具应大致不谬。

盏类，出土量较少，目前仅见三件。在内蒙古集宁路古城曾出土一件，撇口，弧腹，圈足。细白胎，内外壁满施青白釉，足底露胎，足内有"脐"状旋痕。内外壁近口沿处饰蔓草纹，外壁饰两枝菊花纹，内底饰火焰纹，均为青花装饰，青花上有铁质斑

点，杯内青花发色淡雅，杯外壁青花发色较深。在锡林郭勒盟多伦县上都河砧子山村出土两件，现藏于多伦县文管所。撇口、弧腹，圈足。细白胎，内外壁满施青白釉，内壁近口沿处饰一周蝌蚪纹，外壁饰环绕一周的缠枝菊花纹，外壁下部饰弦纹一周，均为青花装饰，青花上有铁质斑点，碗内青花发色淡雅，杯外壁青花发色较深。此类青花小盏，可能为供器或酒器。

上述青花瓷器是蒙古草原地区瓷器中的精品，现大多收藏于各级文博单位，还有一些青花瓷片标本，包括一些残器及碎片，亦属于元代城址中出土，主要集中在内蒙古集宁路古城与漠北草原的哈剌和林古城这两大地点。另外，在内蒙古额济纳旗的黑城古城、达茂旗的敖伦苏木古城、四子王旗的净州路古城、正蓝旗的元上都古城均出土有青花完整器及瓷片。青花瓷器主要有罐、盘、高足杯、玉壶春瓶、执壶、方壶、扁壶、

青花缠枝菊花纹高足杯
高 9.4、口径 9.5、足径 3.2、足墙宽 0.3 ～ 0.4 厘米
内蒙古自治区乌兰察布市察右前旗集宁路古城遗址出土
现藏于内蒙古自治区文物考古研究所

梅瓶、觚、碗、盏、匜等器形。青花纹饰主
要有缠枝菊花纹、牡丹纹、莲池鸳鸯纹、莲
瓣纹、莲叶纹、蕉叶纹、卷草纹、波涛纹、
云龙纹、云凤纹、串珠纹、杂宝纹等，另
外还有少量的文字、人物纹饰等。这些青
花瓷片对于进一步研究青花瓷器的种类、
胎釉的装饰、烧制技术等方面均有重要的
参考价值。

蒙古草原地带出土的青花瓷器具有明
确的载体，一般出土于元代的城址与相关的
窖藏当中，所承载的信息量异常丰富。细观
中国北部草原地带出土的青花瓷器，具有这
样一些共同的特点：青花的描绘根据器物的
形状进行构图，主次画面安排合理，突出视
觉效果，画面错落疏朗。青花的颜色温润鲜
艳，较为纯正。小型器物的颜色呈浅蓝色，

画笔较轻，大件器物颜色黑蓝，画笔较重。
其他出土残片的青花颜色也基本上如此。所
以，这批青花瓷器，应当是以进口钴料绘制
而成。目前，中国陶瓷学术界对元代青花瓷
器极其关注，特别是艺术品拍卖市场出现
"鬼谷下山"天价青花瓷器后，收藏界对元
青花的青睐一度达到了痴迷而又疯狂的程
度，对于元青花的创烧时间、性质以及真伪
的讨论成为中国陶瓷学术界的焦点。由于中
国北部草原地带出土的元青花具有明确的
出土载体，层位关系较为单纯，这就为进一
步研究元青花提供了确凿的实物证据。

关于元青花瓷器的创烧时间。中国北
部草原地带出土的青花瓷器大多出土于城
址与窖藏当中，草原地带的城址没有经过晚
期的人为扰动，文化内涵单一，这就为准确
地判定青花瓷器的创烧年代提供了可靠的
依据。出土青花瓷器较多的以漠北的哈剌和
林古城与集宁路古城为典型。哈剌和林古城
始建于蒙古汗国时期，《元史·地理志》载：
"和宁路，始名和林，以西有哈剌和林河，
因以名城。太祖十五年，定河北诸郡，建都
于此。初立元昌路，后改转运和林使司，前
后五朝都焉。""太祖十五年"为 1220 年，
也就是说，哈剌和林古城始建于 1220 年，
1260 年元朝建立后，哈剌和林城成为岭北
行省的首府，在此设和林转运使司、和林宣
慰司、和林路等行政机构。北元初期，北元
政府复以哈剌和林为都，1380 年，被明军
攻占焚毁，逐渐荒废。内蒙古的集宁路古城
与哈剌和林古城的起始年代大致相同。古城
最初建于金代明昌三年，即 1192 年，系金
代的集宁县，元代升为路一级城市，作为元

政府向漠北输出手工业产品的中转站，古城最终也毁于明末战火。1351 年（至正十一年），红巾军大起义，出兵三路北伐，攻打元朝草原城市重镇，焚毁集宁路与元上都。1368 年 8 月，明军攻陷元大都，同时也追杀元朝残余势力，也一度攻掠元上都与哈刺和林。在蒙古草原地带的哈刺和林古城，内蒙古集宁路古城遗址、包头燕家梁遗址发现大量的器物窖藏即是元末战乱的结果。所以，自至正十一年以后，中原根本没有向北方输出瓷器的基本条件，草原地带城市之间的瓷器传输与贸易实际上已经中断。这种情况已经在考古发掘中得到证实。在集宁路古城考古发掘出土了部分写有墨书纪年的瓷器，在这些纪年类瓷器当中，唯独没有元朝至正年号以后的瓷器，也正说明了至正十一年（1351 年）以后，中原再也没有向北方草原地带输出瓷器的事实。因此，中国北方草原地带出土青花瓷器的创烧年代由此可以进一步框定为 1260 年至 1351 年之间。

关于青花瓷器的产地。草原地带出土的青花瓷器残片较多，比较容易看到胎质的具体情况。胎体颜色一般呈乳白色，由细小的团块状颗粒组成，有大小不一的气孔，瓷化程度较高。绘制的青花一般颜色鲜艳，呈青蓝色。着笔重处有锡光，颜色深蓝，属于钴料研磨不细所致，只有极少部分发色偏黑或偏淡，是受胎土元素含量的影响。为了准确地判定这些青花瓷器钴料的来源与构成，我们选择了哈刺和林古城与集宁路古城出土的代表性青花瓷片，对其微量元素进行了测试，得到的结论是 Fe/Co 比值大于 2，而 Mn/Co 比值则小于 1，铁的含量较无彩

青花菊花纹盏内心装饰

部分釉中的铁含量要高，说明青花料中引入了一部分的铁，结果是显示所有检测样品的青花料均属于低锰高铁含砷的进口青花钴料类型。因此，可以断定哈刺和林古城出土的青花瓷器应属于元代景德镇官窑的产品。

关于青花瓷器的性质。漠北的哈刺和林古城，内蒙古的集宁路古城、包头燕家梁

内蒙古自治区阿拉善盟额济纳旗黑城古城遗址
出土的青花瓷器残片

蒙古国哈剌和林古城遗址内出土的青花瓷器

遗址、额济纳旗哈拉浩特古城都出土有相同类型的青花瓷器。那么，这批出土于漠北草原地带青花瓷器的性质如何？它究竟是属于商品还是赏赍品？笔者以为这些出土于草原地带的青花瓷器的性质相同，均是元朝商品贸易的产物，是输出瓷器中的高档商品，而不是赏赍品，其使用者应当是当地居民中的官宦、贵族或者富商。草原游牧民族居住的地区缺少手工业产品，洁净如玉的瓷器比起木制或皮质的器皿实用好看得多，自然也就深得蒙古人的青睐，有些出土青花瓷器多见有锔钉缝合的痕迹，可见人们对瓷器的珍视程度。所以，瓷器的买卖在元朝的对

外贸易中一直占有主导地位。瓷器交换既满足了国内居民的生活需要，同时也使元朝政府获取了巨额的贸易收入。元朝是大一统的国家，疆域十分辽阔，为了加强对全国各地边疆的有效控制，元朝建立了规模庞大、四通八达的驿站网络。这些驿站既是元朝政令、军令上传下达的重要通道，同时也是政府对外进行商贸往来的主要线路。由中原地区通向漠北哈剌和林地区的驿路主要有三条，据《元史·地理志》记载："北方立站:帖里干、木怜、纳怜等一百一十九站"，"帖里干"道属东道，起点站为元大都（今北京），北上经元上都（今内蒙古正蓝旗）、应昌路（今内蒙古克什克腾旗达里诺尔）至翁陆连河（今克鲁伦河）河谷，再西行溯土拉河至鄂而浑河上游的哈剌和林地区；"木怜"道属西道，在元上都附近，西行经兴和路（今河北省张北县）、集宁路（今内蒙古集宁市）、丰州（今内蒙古呼和浩特白塔子古城）、净州路（今内蒙古四子王旗）北溯汪吉河谷（今蒙古国南戈壁翁金河）至哈剌和林；"纳怜"道又称"甘肃纳怜怿"，自大都西行经大同路东胜州（今内蒙古托克托县大荒城）溯黄河经云内州（今内蒙古包头地区）至甘肃行省北部亦集乃路（今内蒙古额济纳旗黑城古城）北上绕杭爱山东麓至哈剌和林。由于由中原进入岭北行省哈剌和林地区多经沙漠、戈壁地带，自然环境恶劣，而驿路、驿站的设置，是与漠北、中亚联系往来的重要政治保障。元朝政府非常重视商品贸易，对于商人有着较多的优惠政策，这三条通往漠北的驿路，同时也是元朝商品输出或输入的重要通道，中国北方草原地带居民

蒙古国哈剌和林古城遗址内出土的青花瓷片

生活所必需的瓷器以及其他手工业产品，也就是通过这三条驿路输入的。内蒙古集宁路古城、包头燕家梁遗址、额济纳旗黑城遗址与漠北哈剌和林古城出土的青花瓷器在品类上相同，说明均来源于同一地区，也就是江西的景德镇。由此判断，在土耳其、伊朗及欧洲发现的中国元代青花瓷器，有一部分最初应当是在中原产地经过初期交换，北上通过集宁路古城、包头燕家梁、额济纳旗黑城这样的中转站，再辗转经过岭北行省的驿路输入到中亚及欧洲地区的。所以，自元朝以后，青花瓷器才逐渐为世人所认知，成为欧亚大陆文化交流的重要介质，中华文化的经典之作，世界文明的瑰宝。

（陈永志　陈思如）

11 釉里红玉壶春瓶

釉里红玉壶春瓶
口径 6.5、腹径 11、高 21.5、足厚 0.9 厘米
内蒙古自治区乌兰察布市察右前旗集宁路古城
遗址出土
现藏于内蒙古自治区文物考古研究所

这件釉里红瓷器最初发现于内蒙古集宁路古城遗址中的一处窖藏内。该窖藏较为特殊，发现时放瓷器的大瓮口沿已经残破，大瓮内没有放置其他物品，只在大瓮底部横向卧放一件玉壶春瓶。考古队员清去覆土后，发现瓶体装饰有色彩鲜艳的红色斑块。这件釉里红玉壶春瓶实际上口沿已经残破，但当时卧放时残破的一面朝下，如果俯视给人的感觉则是完整器。这件釉里红玉壶春瓶属于景德镇窑产品，口呈喇

釉里红玉壶春瓶底足

叭状，颈部细长，腹部下垂至足底，有小圈足，拉坯修足不规整，有疤痕，三次套接成型，套接突起处装饰成双弦线。地釉为青白色，红釉为花斑状，不规则形，满瓶以两块红斑装饰，涂彩而成，斑块颜色鲜红，边缘晕散处颜色呈红紫色，精美绝伦，堪称元代瓷器之珍品。

　　元代釉里红的价值远远高于元青花，最主要的是它的烧制技术极高，成品率低。因为釉里红主要用铜作为呈色剂，铜对于烧成环境极为敏感，在氧化或还原环境中会呈现出不同的颜色，如果烧成颜色纯正的红色难度系数极大，这也就是一般元代的釉里红多数颜色偏黑的主要原因。所以，真正的元代釉里红成品存世稀少。目前，类似集宁路遗址出土的玉壶春瓶，完整器仅见三件。集宁路古城遗址出土的为其中一件，其余两件一件出土于菲律宾被韩国某收藏家收藏，另一件被中国上海华建先生收藏。这类用浇淋法完成的红色斑块装饰，应当是窑工们大胆的创意之作，在一定程度之上也可以说是釉里红瓷器在创烧阶段的初级产品，但它鲜明、狂放的装饰特征则是其最大的特点。

　　如果说青花瓷器的烧制成功得益于中亚地区的钴料传入，那么，釉里红的创烧则是中国传统治瓷技术的发展与创新。用色彩鲜艳的斑块装饰于陶瓷器上，早在南北朝时期就已广泛出现，北齐范粹墓出土的一件绿斑壶，黄白色的釉面上一团不规则绿斑，很是古拙。到唐代，各类随意挥洒的釉彩成为一种普遍的装饰图案，如鲁山花瓷就是用斑块作主要装饰。这种装饰

手法，后来被钧窑继承发扬，钧窑主要用铜作呈色剂，烧出鲜艳的红色斑块，成为钧窑瓷器的一大装饰特征，民间也有"钧窑挂红，价值连城"之说。这也是当时钧窑产品风靡海内，能与景德镇青白瓷、龙泉青瓷分庭抗礼的主要原因。元代釉里红的创烧成功，与元青花一样，是景德镇瓷业发展史上的里程碑，釉里红与元青花不同，呈色剂铜对窑室气温要求严格，只在还原焰气氛中才可能呈现红色，因此，烧成难度极大。这类在青白釉上浇洒红斑的釉里红瓷，正是元代中后期景德镇工匠仿效钧瓷工艺烧制的特殊产品，实属罕见。国内类似这样浇斑釉里红在江西高安窖藏

釉里红玉壶春瓶另一侧

釉里红玉壶春瓶出土时情况

现藏于韩国、菲律宾出土的元代釉里红玉壶春瓶

中曾出土过一件完整的高足转杯，稍有不同的是此杯洒涂结合。在北京故宫收藏的一件高足转杯也是洒涂成斑块状，另外在内蒙古包头燕家梁遗址亦曾出土过类似高足转杯的残片，涂洒的斑块颜色也异常鲜艳。从目前的考古发现来看，集宁路古城遗址出土的这件釉里红玉壶春瓶，在元代釉里红瓷器中仍然是发色最为鲜艳的，品相也是最为完好的。另外，在内蒙古地区也出土了其他工笔画装饰纹样的玉壶春瓶，以翁牛特旗博物馆收藏的花卉纹釉里红玉壶春瓶为典型。

玉壶春瓶形制最大的特点是细颈盘口垂腹，最初是作为酒壶来使用的。因江南地区米酒的酿造一般是在秋收以后的冬天，春天酿造成功方才饮用，故酒具多以

内蒙古自治区包头市燕家梁遗址出土的釉里红瓷片

"春"字为名，此为"玉壶春瓶"的名称由来。唐代有"玉壶买春"之说，实际上指的是买酒，而在古典名著《水浒传》中对玉壶春瓶的功用有详细记载："酒保取过两壶玉壶春酒，此是江州有名的上色好酒"，由此可见玉壶春瓶与酒的关系。玉壶春瓶有时也用于插花，佛教中的观世音菩萨即手持玉壶春瓶，点化人间花草树木，此即"玉壶先春"之说。由于玉壶春瓶形状秀美，且与饮酒赏花之高雅的生活情趣有关，是故成为人间社会生活中的时尚物件，为世人所推崇装点，所以，集宁路古城遗址出土的这件玉壶春瓶，用鲜红色的斑块装饰，在众多的出土瓷器当中出类拔萃，既体现了元代社会对这件特殊瓷器的重视程度，同时也反映了景德镇瓷器烧造的高超技术，实在令人叹为观止。

（陈永志　陈思如）

内蒙古自治区翁牛特旗博物馆收藏的釉里红玉壶春瓶

12 红绿彩瓷塑像

红绿彩瓷塑像
高 15 厘米
内蒙古自治区乌兰察布市察右前旗集宁路古城遗址出土
现藏于内蒙古自治区文物考古研究所

　　该瓷塑像为一倚坐的文官形象，造像采用模印、捏塑、粘接等复合工艺而成。面部丰满，双目正视前方，小口，八字须，双手交放于膝前，双膝微屈。头戴高冠，身穿圆领、阔袖对开式长袍，腰缠带饰。浅褐色胎，白釉，施釉处先上有白色化妆土，造像背部和内部露胎。彩绘装饰有黄、绿、红、黑四色，面部眼、眉、发、须均采用黑色装饰，服饰用四色相间搭配，饰有开光云气纹和团花纹。属磁州窑系产品。

　　红绿彩瓷是在高温白釉或白地黑花瓷烧成后，在白釉上用红、绿、黄等彩勾画出纹饰，再入窑以 800℃ 左右的低温烧成。因此也常称为"宋加彩"或"金加彩"。红绿彩瓷器物上常以白釉为主要底色，以洁白的釉色和大面积的红彩相配合。红绿彩瓷的色彩主色是红、绿、黄三色，但每种彩又有深浅不同的色阶。红彩是以铁为呈色剂的矾红彩，用青矾加热、煅烧而成，最大的特点是将彩施于器表之前就已呈现红色，在施彩时就已知道其烧成后的颜色。红彩一般为红色或呈枣红色。绿彩则有翠绿、墨绿、褐绿和浅翠绿等不同颜色，这是在配制彩时控制呈色物质而有意造成的。黄色则有浅黄、明黄和金黄等色。红绿彩瓷常与釉下棕褐彩和黑彩相配合，是宋元时期瓷器装饰艺术中的特点。宋以前低温的绿、黄色釉仅施用于陶器，金代正式应用到了瓷器上。它的另一大优势是在烧制之前就可以预知其烧成后的效果，改写了过去"听火由命"的做法，人们可以更加挥洒自如地用红、绿、黄这三种色泽，在瓷器上去描绘人们臆想的图案。红绿彩瓷主要有两大类产品，一是日常用品，如碗、盘、杯、瓶、罐、枕等器皿；另一类是各种瓷塑制品，如佛、菩萨、天王、财神、婴儿、侍者等塑像，还有随葬的墓主人夫妇像和日常用的祖宗像等。

金元时期磁州窑系红绿彩瓷器是在化妆土白瓷器基础上二次加工制成的。磁州窑对北方各个窑场有很大的影响，形成了巨大的磁州窑系。有二十多个地方的窑烧红绿彩瓷器，可见红绿彩瓷器的影响。

红绿彩瓷器是磁州窑系最具艺术价值的品种，反映了磁州窑系巅峰时期最高工艺成就。它起源于新石器时代先民们用红色矿物质颜料在陶器上的绘画，后来的"素三彩"、"五彩"、"斗彩"、"粉彩"甚至"珐琅彩"等诸多彩色瓷器均来源于红绿彩。

红绿彩瓷器的烧造，主要是集中在北方地区，以河北的磁州窑和山西长治市旁边的东山窑最具典型。红绿彩作为元瓷的一个品种，其色彩之艳丽丰富，造型之古朴自然，成为古代瓷器艺术中的一朵奇葩。元人蒋祈《陶记》中有关于元代"青花、红绿古彩、五色花、炝金"的记载，明初曹昭《格古要论·古饶器》卷也有"新烧者足大，素者欠润，有青花及五色花者"的记载，《至正直记》卷一中也谈到"红绿古彩古来有之，金以来时为上物，多定烧、限烧为上用，非市烩所能得也。"这样看来，红绿彩之珍贵程度在金代就可见一斑了。目前所发现的红绿彩瓷器较为典型的主要有如下几例：山西侯马金明昌七年（1196 年）墓出土红绿彩绘碗以及白釉红绿彩绘瓷俑；河北邯郸"泰和三年"（1203 年）崔仙奴墓，墓中出土了红绿彩瓷俑五件，其中的仰卧俑

长达 33 厘米；河南焦作发现的一座金元时期的墓葬中出土了一件红绿彩罐。在邯郸市峰峰矿区曾出土过一尊高 61 厘米的红绿彩佛像，莲座与佛像分段制成，是目前所见最大的红绿彩器物。这里还出土过红绿彩乐俑人。台湾鸿禧美术馆所藏的一件红绿彩文官坐像，是色彩较为艳丽丰富的器物之一，另外河北的磁州窑，河南禹县扒村窑，山西长治窑，河南当阳裕窑与焦作市的十几处窑口也相继出土了红绿彩瓷，其特点是色彩鲜艳，呈色稳定，很少脱落，因此显得十分艳丽。日本东京国立博物馆所藏的牡丹纹碗，

红绿彩瓷塑像侧面

红绿彩瓷塑像出土时情况

瓷塑像背后放置的铜钱

碗底有"泰和元年二月十五日"的墨书纪年款，美国西雅图美术馆所藏的一件凤穿莲花纹碗，器物的地釉洁白光亮。1996年山西省考古研究所对山西长治八义窑进行了考古发掘，出土了大量的红绿彩瓷器。证明这个窑址以生产红绿彩瓷为主。有各种花卉、动物纹，最富有特色的是吉祥语的文字图案。美国弗利尔美术馆所藏的一件牡丹纹红绿彩盘，时代约为金末到元代前期，盘的釉色较洁净，画工也较精细，在时代较晚的红绿瓷中堪称精品。

在集宁路古城遗址的考古发掘出土物中，红绿彩瓷器占有一定的比例，主要有瓷塑、盘、碗等器形，其中最为典型的即数这件红绿彩瓷塑像。根据塑像所描绘的装饰来看，他与四御之神"紫微大帝"的装饰如出一辙。

紫微本是道教神，全称为"中天紫微北极太皇大帝"，紫微又叫紫微垣、紫宫，位处三垣之中的中垣，是星座上属帝王之所居，所以，皇宫又叫"紫禁城"。紫微大帝在道教和佛教诸天中的形象都是一中年帝王像，是道教四御之一，地位仅次于玉皇大帝。在道教神仙谱系中，最高的神为"三清"。"三清"既指天神所居住的三处胜境：玉清圣境、上清真境、太清仙境，合称三清境；也指道教三位至尊神：玉清大帝元始天尊、上清大帝灵宝天尊、太清大帝道

元代古城出土的红绿彩瓷碗

紫微大帝像

德天尊。三清有四位辅佐的天神，分别是：玉皇大帝、北极紫微大帝、天皇大帝和后土黄地祇。四御之首为玉皇大帝，其次为北极紫微大帝，北极紫微大帝位居天的中央。

《后汉书》卷四八谓："天有紫微宫，是上帝之所居也。"《晋书·天文志上》谓："北极五星，钩陈六星，皆在紫微宫中，北极，北后最尊者也；其细星，天之枢也。"并以之为"大帝之座"、"天子之常居"。唐代孔颖达《书·说命中》疏："北斗环绕北极，犹卿士之周卫天子也，五星行于列宿，犹州牧之省察诸侯也，二十八宿布于四方，犹诸侯为天子守上也，天象皆为尊卑相正之法。"紫微北极大帝执掌天经地纬，率三界星神和山川诸神，能呼风唤雨，役使雷电鬼神。在宋代，常与玉皇大帝一起奉祀。明时，宫廷还敕建了紫微殿，"设象祭告"，其形象是一身帝王打扮，旁边有威风凛凛的武将护卫，十分高贵威严。道教认为，北辰是永久不动的星，位于上天的最中间，位置最高，最为尊贵，是"众星之主"、"众神之本"，因此民间对紫微大帝极为尊崇，一般也被民间奉之为文财神，在神堂之上加以供奉。 文财神爷也被称之为"财帛星君"，亦称"增福财神爷"，他的绘像经常与"福"、"禄"、"寿"三星和喜神列在一起，合起来为福、禄、寿、财、喜。财帛星君脸白发长，手捧一个宝盆，"招财进宝"四字由此而来。一般人家春节必悬挂此图于正厅，祈求财运、福运。与文财神爷对应的有武财神爷，以关羽关云长为代表，称之为"关圣帝君"。传说关云长管过兵马站，长于算数，发明日清簿，而且讲信用、重义气，故为商家所崇祀，一般商家以关公为他们的守护神，关公同时被视为招财进宝的财神爷爷。

内蒙古集宁路古城遗址出土的这件红绿彩瓷塑像，出土地点位于房址居中靠墙的部位，呈立式，周围有散乱的灯盏，身后放置有铜钱，还出土有其他春钱及相关文物，由此可见当地居民把他当做重要的供祀对象，其形象与紫微大帝装饰特征相符，应是当地供奉的文财神。

（陈思如　陈永志）

民间财神像

13 青白釉弥勒佛造像

青白釉弥勒佛造像
底长 12.5、底宽 5.6、高 21.5 厘米
内蒙古自治区乌兰察布市察右前旗集
宁路古城遗址出土
现藏于内蒙古自治区文物考古研究所

2003 年，内蒙古集宁路古城遗址第 38 号窖藏出土了一尊极为珍贵的青白釉瓷器——一蹲坐的弥勒佛造像。佛像面部丰满，双目眯成细长形，大耳垂肩，笑容可掬。颈挂佛珠，祖胸露臂，左手握一桃状物，右臂置于右膝上。右臂、右腿和左腿外侧裂裟上各有一孩童，孩童呈攀附状。佛像体内中空，背部下侧有一圆孔。整体线条流畅。釉色白中泛青，灰白胎，局部露胎。此佛像一出土，在场之人无不敬畏、叹服，其工艺之精湛、保存之完好令人惊叹。

弥勒佛是佛教八大菩萨之一，大乘佛教经典中常被称为阿逸多菩萨，是释迦牟尼佛的继任者。据佛经记载，弥勒出生于古印度波罗奈国的一个婆罗门家庭，与释迦牟尼佛是同时代人。后来随释迦出家，成为佛弟子，他在释迦入灭之前先行入灭。因此佛常怀慈悲之心，故深受世人喜爱，在中国民间普遍信奉、广为流行。

弥勒佛在中国的信仰是随着东汉末年佛教传入开始的，在中国经历了世俗化与民族化的过程。最初的弥勒信仰几乎完全照搬

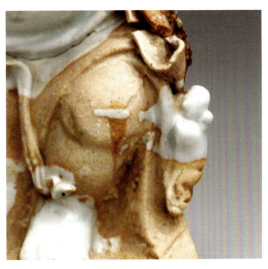

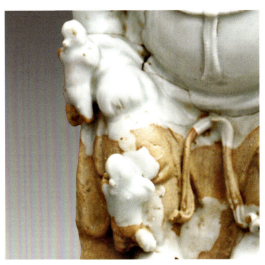

佛像局部

佛像局部

内蒙古自治区阿拉善盟额济纳旗黑城古城遗址出土的木制弥勒佛像

印度佛教，尤其表现在上生信仰上，基本上全是依照印度佛教经典，就是对弥勒菩萨和弥勒净土的信仰，其信奉者也主要是信仰坚定、文化层次较高的高僧大德。此时的弥勒多为头戴宝冠、身披璎珞的菩萨装，姿势基本上是交脚坐式，具有浓郁的印度风格。如甘肃炳灵寺大佛，宁夏须弥山圆光寺大佛，河南浚县大佛，南京栖霞山大佛，浙江新昌大佛，四川乐山大佛、荣县大佛等，中国化的痕迹极少。随着弥勒下生信仰的逐渐流行，弥勒形象也在逐渐世俗化。五代之后，以后梁时期游方僧人契此和尚为原型塑成的笑容可掬的"大肚弥勒"流行起来，成为长期流传和普遍受欢迎的中国弥勒佛。据《宋高僧传》等记载，契此是五代时明州（今浙江宁波）人，又号长汀子。他经常手持锡杖，杖上挂一布袋，出入于市镇乡村，在江浙一带行乞游化。他皱鼻梁，大肚子，身体十分肥胖。他的行为奇特，言语无常，四处坐卧。天将旱时便穿高齿木屐，天将涝时穿湿草鞋，能预知晴雨吉凶。因其总负一布袋，故被称为"布袋和尚"。后梁贞明二年（916年），契此坐化于明州岳林寺庑下的一块磐石上，示寂前曾留下一偈："弥勒真弥勒，

内蒙古自治区锡林郭勒盟正蓝旗羊群庙遗址出土的明代青白瓷弥勒佛像

内蒙古自治区包头市燕家梁遗址出土的脱胎瓷佛像

分身千百亿，时时示时人，时人自不识。"作为一个游方僧人，契此是十分贴近民间的，因而很受普通百姓的喜爱。他的形象和蔼可亲，具有很强的亲和力。后人认为他是弥勒转世，就以他为原型，又加上了笑口常开的特征，于是就有了这么一个和蔼慈祥、喜笑颜开、豁达大度、矮身大肚、袒胸露腹的慈爱形象，被国人称为笑佛、欢喜佛、大肚弥勒佛。大肚弥勒寓神奇于平淡，示美好于丑拙，显庄严于诙谐，现慈悲于揶揄，代表了一种宽容、和善、智慧、幽默、快乐的精神。所以每次见到弥勒佛，人们都会被其和善可亲、满脸笑容、憨态可掬的形态而折服，其"笑"、其"容"给世人以无限遐想，故世人赞弥勒佛宽广的胸怀和乐观的态度曰："大肚能容，容天下难容之事；开口便笑，笑世间可笑之人。"

从胎、釉、工艺特点来看，这件青白釉佛像为景德镇窑产品。景德镇位于江西省北部，具有优越的自然条件，优质的高岭土，山区多马尾松柴，便利的水上交通，特别是元代统治者将全国大量技术高超的制瓷工匠集中到这里，并正式设立了浮梁瓷局，专门掌管瓷器烧造，这些有利条件是江南地区任何瓷窑都无法与之比拟的，所以元以后景德镇成为中国的瓷都绝非偶然，而是各种因素共同作用的结果。

自元以前的蒙古帝国开始，虽然历代统治者对佛教、道教、伊斯兰教、基督教等各教多采取兼容并蓄的政策，但宪宗以后在这些宗教中，佛教的地位很快超出其他宗教，尤受崇尚。太祖成吉思汗时期，1217年木华黎军取岚谷，佛教名僧海云简和尚和他的师父中观被俘，成吉思汗派使传旨："尔使人来说底老长老小长老，实是告天的人；好与衣粮养活着，教做头儿，多收拾那班人，在意告天，不拣阿谁休欺负，交达里罕里行者。"后来海云迁至燕京，主持庆寿寺。太宗窝阔台汗时期，给前来归附的迦叶弥儿僧人斡脱赤与那摩较高礼遇，封为国师，授玉印，总天下释教。宪宗蒙哥汗时期，征服地区迅速扩大，吐蕃地方逐渐纳入蒙古统治者的范围之内，佛教势力在诸多地区异常强大，特别是西藏地区。因此，其宗教政策随着形势的变化逐渐向抬高佛教方面侧重。蒙哥汗即位以后，任命僧海云掌释教事。世祖忽必烈中统元年（1260年），封佛教大师八思巴"为帝师，授以玉印，统释教"，从此佛教地位便在诸教之上而备受尊崇。此后诸帝对佛教名流多大肆褒奖，直到元亡。

（张红星）

青白釉弥勒造佛造像发掘出土时的情况

14 青白釉卧象器座

青白釉卧象器座
长 16.2、背孔直径 3、高 7 厘米
内蒙古自治区乌兰察布市察右前旗集宁路古城遗址出土
现藏于内蒙古自治区文物考古研究所

2003 年，在内蒙古元代集宁路古城遗址的考古发掘中，出土一件非常珍贵的景德镇窑青白釉象形瓷器。象平卧，两耳下垂，呈莲叶状，双目细长，鼻梁隆起，长鼻下垂，鼻孔向上卷起呈莲蓬状，长牙露于口外。背部负圆形双层覆莲瓣座，座顶部有孔，与象体相同。象尾卷曲，贴于身体左侧，尾稍较大，呈团毛状。象栩栩如生，矫健有力，是目前发表的资料中绝无仅有的一件，堪称元代青白釉瓷器之珍品，给每一位有幸见过它

的人留下深刻的印象。

当我们在赞叹其珍贵的艺术价值的同时，不禁要问为何在距江西十分遥远的北方草原地区会出土如此精美的景德镇窑瓷器？它本身具有哪些更为深刻的内涵呢？那还得先从青白釉瓷器说起。

青白釉瓷器是品类丰富、色彩纷呈的瓷器世界中的一朵奇葩。"青白"一词，最早见于北宋英宗治平元年（1065 年）成书的《茶录》："茶色白，宜黑盏……其青白盏，

斗试家自不用"。青白釉瓷器釉面玻璃质感强，釉色介于青白之间，胎骨洁白，釉料中三氧化二铁含量低于0.99%，白中闪青，青中泛白，淡雅温润，如玉似冰，加上胎体极薄，器上的暗雕花纹内外都可以映见，在花纹边上，显出一点淡青色暗影，其余几乎都是白色，故又有影青、映青、隐青、罩青之名。

因青白釉瓷器具有较高的观赏性，不仅为皇室、贵族所喜爱，同时也深入到普通百姓生活中。从已发表的考古材料来看，青白釉瓷器在国内几乎每个省（直辖市、自治区）都有出土。从目前的考古调查、发掘等资料看，江西景德镇的湖田窑、湘湖窑、石虎湾窑、胜梅亭窑、南市街窑、黄泥头窑、柳家湾窑，南丰的白舍窑，赣州的七里镇窑，吉安的永

和窑；福建闽清窑、德化窑、泉州碗窑乡窑、永春窑、安溪窑、同安窑、南安窑；广东潮安窑、西村窑；湖北武昌窑；安徽繁昌窑；广西中和窑、城关窑、岭峒窑；浙江泰顺窑；湖南益阳窑、耒阳窑、衡阳窑；河南安阳窑、新安窑、宝丰窑、临汝窑、禹县窑等一些窑场均发现有大量青白釉瓷器，形成一个以景德镇窑为代表，涵盖鄂、豫、皖、湘、赣、浙、桂、粤、闽九省区的庞大的青白瓷体系，与定窑系、钧窑系、磁州窑系、耀州窑系、龙泉窑系、建窑系并称七大窑系。

关于青白釉瓷器的起源，学术界说法不一。最初学术界认为青白釉瓷器是宋代景德镇创烧的。20世纪80年代初，有的学者认为瓷器仿玉器始于宋代，以江西景德镇首先仿制成功，故青白釉瓷器有"假玉器"、"饶

青白釉卧像器座侧面

青白釉卧象器座出土时的情况

玉"之名。1987年以后，由于各地考古调查发掘资料的不断发现，陶瓷考古界对青白釉瓷器的起源开始提出了新的见解。青白釉瓷器可能不是景德镇窑所独创，而是在国内许多窑场都有生产，甚至有的窑场创烧更早一些，但作为后世瓷都的景德镇烧制的青白瓷工艺精湛，质量上乘，代表了当时青白釉瓷器的最高水平。

景德镇青白釉瓷器自创烧后，随着技术的不断提高，器形日趋丰富，特别是到宋代以后，已经完全掌握青白釉瓷器的胎、釉与烧成温度的关系，青白釉瓷器烧造技术已经达到炉火纯青的地步，景德镇等一些窑场青

白釉瓷器造型丰富多彩，品类应有尽有。有碗、盘、盆、钵、碟、盏、盏托、杯、高足杯、罐、瓶、尊、执壶、温碗、汤瓯、渣斗、水浇、洗、水盂、匜、枕、灯、炉、盒、香熏、烛台、花插、器座、器盖、权、錾手、花盆、印章、砚台、砚滴、棋子、珠子、佩饰、鸟食罐、磨、骰子、瓷塑等器形几十种。涉及餐具、酒具、茶具、化妆用具、照明用具、卫生用具、鸟食具、文具、陈设具、宗教供具、民俗祭具、医药盛具、棋具、乐器等。

内蒙古自治区地处中国北部边疆，幅员辽阔，是我国的文物大省区。20世纪50年代以来，内蒙古地区陆续出土了大量元

代青白釉瓷器，逐渐引起世人的热切关注。特别是21世纪初集宁路古城遗址考古发掘，出土了大量元代青白釉瓷器，制作较为精美，出土地层明确，有的还有纪年，可以作为该时期青白釉瓷器的标形器，学术价值极高。

这件青白釉卧象器座出土于第38号窖藏，胎质细腻坚致，釉色温润淡雅，工艺精湛，保存完好，在目前发现的同类器中尚属孤品，因此具有极高的历史、科学、艺术价值。

与这件青白釉卧象器座同时出土的还有青白釉佛像、铜佛像。铜佛像可能当时在卧象器座上所立。该铜像为立像，体中空，同卧象器座体内均有残木痕迹，可能当时有木柄与器座相连。青白釉卧象器座、佛像造型别致生动，做工精细考究，不仅代表了元代景德镇窑青白釉瓷器烧造的最高水平，也反映了元代十分崇佛的社会状况。

象勤劳能干，聪明灵性，诚实忠厚，憨态可掬，深受世人所喜爱。在中国传统文化里"象"与"祥"字谐音，故象被赋予了更多吉祥的寓意，如以象驮宝瓶（平）为"太平有象"，以象驮插戟（吉）宝瓶为"太平吉祥"，以童骑（吉）象为"吉祥"，以象驮如意或象鼻卷如意为"吉祥如意"。另外"象"还谐音"相"，又有"出将入相"之意。另外在佛教世界里，象是仁者、鲜明的标志，有着无比神圣的地位。相传一天释迦牟尼佛的母亲来到后花园菩提树下的凉亭内乘凉，躺在床上不知不觉睡着了，进入甜蜜的梦乡。她梦见一头白象伴随一道白光从空中降下投入她的右肋，从而有了身孕，后

来释迦牟尼佛便诞生了。还有普贤菩萨的坐骑是六牙白象，据《华严经·清凉疏》记："普贤之学得于行，行之谨审静重莫若象，故好象。"可以说白象成了普贤愿行广大、功德圆满的象征。可见象与佛教有着极为深厚的渊源。佛教讲究修身养性、向善，和中国的儒家思想及传统文化殊途同归，所以不知从何时起中国古人便有了喜欢象、崇拜象的不解情结，因此许多象造型的器物也应运而生并流传后世，令世人大饱眼福。在元代，社会上对象的崇拜也是如此，可能大象与佛教中的普贤菩萨有关。此件器物是否为普贤菩萨的坐骑还是别的器座不得而知。但在内蒙古的多伦县曾出土一件大型的象座，这个象座属于立式像，像背有一圆孔，应与佛像有关。

（张红星）

现藏于内蒙古自治区多伦县文物管理所的立象座

15 卵白釉印花盘

卵白釉印花盘

口径 13、底径 3.8、高 3.7 厘米

内蒙古自治区乌兰察布市察右前旗集宁路古城遗址出土

现藏于内蒙古自治区文物考古研究所

瓷器是中华文化的实物载体之一。作为后世瓷都的景德镇，在我国乃至世界瓷器制造业的影响作用是不可替代的，其瓷窑产品胎质之精良、造型之新颖、工艺之精湛、品类之丰富是其他任何地区窑场都无法比拟的。景德镇窑最早烧制的瓷器品种是青白瓷，五代便开始烧制，至宋代制瓷技术成熟，规模及质量都有很大的发展与提高，青白瓷烧造技艺达到顶峰。到了元代在景德镇成立了浮梁瓷局，景德镇窑新品种不断出现，不但有青花、釉里红、蓝釉等竞相斗艳，还创

盘底墨书

烧了卵白釉这一全新品种。

卵白釉又叫枢府釉，是除青花瓷器外，元代景德镇最具代表性的釉色。由于在这种卵白釉瓷器中发现有"枢府"字样，因此人们称为"枢府窑"器。对此记录最早见于元末明初曹昭的《格古要论》一书，该书《古饶器》条中说："元朝烧小足印花者，内有'枢府'字者高。"清人蓝浦在《景德镇陶录》中将其专门列为一个条目："元之进御器，民所供造者，有命则陶，土必细白腻，质尚薄。式多小足印花，亦有戗金五花者；其大足器则莹素。又有高足碗，蒲唇弄弦等碟、马蹄盘、耍盂各名式。器内皆作'枢府'字号，当时亦仿造，然所贡者俱千中选十，百中选一，非民窑可逮。"

"枢府"是"枢密院"的总称，唐初就设立了，宋代为最高军事机关，元朝建立之后，沿宋、金旧制，于中统四年（1264年）五月，设枢密院，主要掌军事机密、边防及宫廷禁卫等事务，战争时设行枢密院，掌一方军政以军事为重。《元史》卷八六百官二记载："枢密院，秩从一品，掌天下兵甲机密之务。凡宫禁宿卫，边庭军翼，征讨戍守，简阅差遣，举功转官，节制调度，无不由之……国初有征伐之事，则置行枢密院。大征伐，则止曰行院。为一方一事而设，则称某处行枢密院，或与行省代设，事已则罢。"具有"枢府"铭的卵白釉瓷器，应属"枢密院"的定烧器是毫无疑问的，并且是浮梁瓷局管辖下的官窑作坊。

卵白釉瓷以带"枢府"两字铭文者最为典型，一般都印在盘、碗器物内壁口沿下，

卵白釉印花盘侧面

卵白釉"枢府"铭印花盘
口径 13、底径 3.8、高 3.7 厘米
内蒙古自治区乌兰察布市察右前旗集宁路古城遗址出土
现藏于内蒙古自治区文物考古研究所

"枢"和"府"字分别在相对的地位。在卵白釉瓷器中除了"枢府"字样外，还有"太僖"、"福禄"、"福寿"和"寿"、"福"、"良"等单个吉祥字样铭。从目前公布的资料看，带铭文者发现极少。

21 世纪初，在内蒙古集宁路古城遗址出土了大量卵白釉瓷器，仅第 32 号窖藏就出土几十件，其中有两件盘有"枢府"铭，十分珍贵。

卵白釉"枢府"铭印花盘，敞口，弧腹，小圈足，足壁略外撇。细白胎，内外壁施卵白釉，釉面上有少量铁质斑点，底足露胎，足壁粘有细窑渣。内壁腹部饰有六朵缠枝菊纹，并有铭文"枢"、"府"二字，底部饰四朵缠枝菊花纹。足底心有"脐"状旋痕，并有墨书"药"字。

卵白釉"枢府"铭印花盘，敞口，弧腹，小圈足。细白胎，内外壁施卵白釉，釉色乳浊而柔和，足底露胎，粘有窑渣。内壁腹部饰有六朵缠枝菊纹，并有对称铭文"枢"、"府"二字，内底饰有杂宝纹。足底心有"脐"状旋痕，并有墨书"药"字。

从出土的卵白釉瓷器分析，其器形规整，装饰考究，特点较为鲜明。卵白釉瓷为白胎，胎体系用高岭麻仓土与瓷石二元配方制作，胎质细白但有微小气孔。卵白釉釉色

白中泛青如鹅卵，且失透，与透明之青白
釉有明显区别。器物内壁模印之缠枝莲纹、
弦纹凸起高低恰当，有双线特点。圈足小且
修削规整，内外壁皆外斜，足端外沿斜削倒
棱，足底有粘沙现象。手工蘸釉，因而碗、
盘口外沿多有屯釉现象，积釉处微泛淡湖蓝
色。卵白釉瓷器器形以盘、碗、执壶和高足
杯为多见，极少大件器。最典型的卵白釉器
物，碗为小底足。这类小足的足径，一般均
为碗口径的三分之一。卵白釉瓷中的折腰
器，是突出的造型，一向为人们所称道。折
腰是宋代定窑沿袭唐代金银器的式样而在
瓷器制作中的运用。卵白釉瓷盘、碗的底足
均为露胎，足壁厚，削足规整，有的底心有
乳钉突起，且有明显旋纹。

　　卵白釉瓷分为精、粗两大类。精细者
大多有印花装饰，图案花纹主要为缠枝莲、
菊瓣、化蝶、云龙、云凤、云鹤、孔雀、牡
丹及摩羯纹等，其印花多数显得浑圆而不太
清晰，这类精细器物的釉，基本上都是白乳
浊色。

　　元代蒙古人尚白，枢府釉瓷器大量生
产与元代蒙古人尚白的审美习俗有密切关
系。元代蒙古民族长期过着逐水草而居的游
牧生活，喜食"白食"，看惯了蓝天白云，
白色代表吉祥、圣洁之意，故而从帝王到普
通百姓均有崇尚白色的审美情怀。《元史》
卷六七志第十八"太祖元年，大会诸侯王于
阿难河，即皇帝位，始建九斿白旗。"故白
色在元代风靡一时，以白为吉在元人生活中
处处体现。每逢春节互赠白色礼物，以示祝
福。皇帝骑白马，着白色长袍，住白色蒙古
包。佛教仪式时，皇帝宝座上撑起白色华

瓷器上模印的"枢府"二字

盖。白色瓷器自然成为元宫廷首选。卵白釉
瓷器较之青白釉瓷器釉色偏白，故受到世人
偏爱就成为顺理成章的事。

　　这两件"枢府"铭卵白釉盘制作规整，
釉色纯正，纹饰华丽，反映了元代高超的制
瓷工艺，进而说明到元代我国瓷器制造业较
之宋代并没有衰退，而是继续传承和汲取了
前朝的先进工艺，并不断创新，为后世明清
瓷器制造工艺达到顶峰奠定了坚实基础。

　　　　　　　　　　　　　　　　（张红星）

16 三彩熏炉

三彩熏炉

通高 50、口径 24.3、最大宽 28 厘米

内蒙古自治区呼和浩特市托克托县东胜州故城遗址出土

现藏于内蒙古博物院

这是一件造型古朴的仿鼎式熏炉。炉盖顶部在花叶簇拥中突升一咧嘴仰天长啸的狻猊，炉耳竖直耸立，两侧分别有一只向上跳跃的摩羯。炉身浑圆，底部三兽足鼎立。炉体表面的纹饰非常繁密，炉盖饰牡丹纹，炉身饰游龙戏珠、绽放的牡丹花和菊花纹。制作者非常注意细节的修饰，甚至在炉口和立耳的边缘上都装饰一周菊花纹，可谓别出心裁。根据图案的不同，炉体表面还施有黄、褐、蓝三色釉，花叶呈蓝色，神兽和花卉或黄或褐，图案因颜色上的相互区别而显得鲜活灵动，华丽大方。除了盖顶的狻猊口可以出烟之外，炉身的图案空隙间还设置

了许多散发熏香的小孔。

熏炉为熏香之器具，是古人敬神、祭祀、生活中必不可缺的物品。熏炉使用功能的不同，往往也被制作成不同的造型。生活中使用的熏炉主要用于陈设、提神除臭、取暖、熏衣，取暖用的熏炉以手炉和脚炉最为常见。这件三彩熏炉是一种放置于案桌上的器物，具有除取暖之外的多种使用功能。

熏炉的演变，最早可以追溯到新石器时代晚期，汉代得到发展和普及。北宋时期，统治者喜好复古，提倡恢复礼制，对古物的收集、整理和研究出现热潮，金石学从而诞生。这个时期仿先秦礼器的瓷香炉层出不穷，如鼎式香炉、鬲式香炉、奁式香炉等，奠定了后世香炉的基本造型。元代的三彩香炉绝大多数都是三足鼎式，此种造型明显继承于宋代，这种承继也与当时社会流行的思想理念密不可分。蒙古民族入主中原之后，对于各种宗教采取兼容并蓄的政策，并加以优待和提倡，宗教之风非常盛行，对当时的社会产生了重要的影响。虽然蒙古萨满教在蒙古宫廷和民间仍占支配地位，但是佛教、道教、基督教、伊斯兰教等都可以自由传教，这些宗教相互交叉、冲击、融合，从而形成了多元的宗教文化奇观。元代熏炉的大量生产，正是顺应宗教兴盛态势的产物。元代以河北磁州窑为代表的一些北方窑场，都曾生产过熏炉，以 20 厘米高度以下的三足炉或喇叭座炉最为常见，但像此件熏炉一样高大精美的器物却比较罕见。

元三彩与唐三彩都属于低温釉，用含铜、铁、钴、锰等元素的矿物作釉料的着色剂，同时在釉里加铅或铅的氧化物作为助熔

剂，二者的区别是元三彩以瓷土做胎。低温釉瓷器的优点是釉色艳丽，透明性强，富有流动感，不足之处是低温烧烤状态下难以使胎釉充分熔融结合，容易出现缩釉和剥釉现象。这件熏炉的制作流程是先以瓷土制成坯件，然后在表面敷一层较薄的白色化妆土，在不施釉的情况下入窑高温烧成素胎器，出窑后在素胎表面施各种低温彩釉，再入窑以800℃左右的低温烧烤。熏炉表面的蓝釉一般被称作"孔雀蓝"，以氧化铜为着色剂，黄釉和褐釉的则以氧化铁为着色剂。由于烧成温度不高，所以孔雀蓝釉出现脱落现象。

熏炉盖顶上的狻猊、立耳两侧的摩羯、炉身腹部的龙都是宋元时期在各类器物上最为常见的神兽装饰。狻猊是传说中龙生九子之一，排行老五，形如狮，喜烟好坐，文殊菩萨见其有耐心，便收作坐骑。后蜀花蕊夫人在《宫词》中写到"夜色楼台月数层，金猊烟穗绕觚棱"。明代陆容《菽园杂记》中记载："金猊，其形似狮，性好火烟，故立于香炉盖上。""摩羯"为梵语译音，是印度神话中一种长鼻利齿、身尾似鱼的水中神兽，有着翻江倒海的神力。摩羯后为佛教采用，并随佛教传入中国，其形象也逐渐中国

三彩熏炉局部釉色

化，与中国传统观念中的鱼、龙等吉祥物融合形成了鱼龙合体的神兽。经过佛教文化的重新诠释，摩羯由印度民间传说中令人恐怖的海兽，变成了具有镇邪、祈福功能的瑞兽。北魏杨炫之《洛阳伽蓝记》载："至辛头大河，河西岸有如来作摩羯大鱼，从河而出，"即是摩羯佛教化的记述。龙是我国古代传说中的吉祥动物，也是封建皇权和华夏民族的象征。龙所蕴涵的思想理念非常丰富，主要体现在宗教和神学观、天人合一的宇宙观、仁者爱人的和谐社会观、阴阳交合的发展观、兼容并包的多元文化观等方面。所以从古至今，龙的图案形象一直为华夏子孙传承和推崇。熏炉表面的菊花和牡丹花也是宋元时期流行的吉祥纹饰。菊花象征高风亮节、健康、长寿，牡丹花象征富贵。有些菊花甚至被夸张成向日葵花形，有向阳之寓意。

熏炉的出土地点——东胜州，是蒙元王朝的军事战略要地。蒙古汗国在征战西夏和川滇地区时，都是从东胜州渡过黄河，穿越鄂尔多斯高原而辗转抵达这些地域。东胜州也是元朝重要的物资中转站。元王朝在东胜州至中兴府（今宁夏银川市）之间的黄河上设立了水路驿站，西来人员和物资经由东胜州转至丰州、大同、上都、大都。东胜州也是纳怜道驿路的起点，向西经亦集乃路（今额济纳旗黑城），穿越戈壁而进入漠北，直达岭北等处行中书省治所和林城。东胜州作为驿站城市，物资充裕，自然不乏奇珍异物。如此精美华丽的三彩熏炉留存在城内，也就不足为奇了。

（宋国栋）

17 己酉年"小宋自造香炉"

己酉年"小宋自造香炉"
通高 42.7、口径 25.5 厘米
内蒙古自治区呼和浩特市太平庄乡白塔村窖藏出土
现藏于内蒙古博物院

香炉形制为直口，腹部鼓圆，底部接三个兽足。口部两侧各有一长方形直耳，耳下部另有兽形环耳衔接于颈腹部之间，香炉颈部堆塑雕刻有三个麒麟，在正面两个麒麟之间有一方形题记，其上阴刻"己酉年九月十五小宋自造香炉一个"15 字楷书铭文，腹部还雕贴有兽面衔环铺首纹饰。显然为仿造铜香炉制作而成。香炉呈天青色，由于施釉较厚，口部、耳部以及堆塑雕纹饰处釉下流而露胎，形成天青釉面与土黄色露胎处的强烈对比，具有铜器的金属质感。天青色厚釉倾斜流于器表，浓淡不一，深处呈天青，淡处呈月白，色彩如水墨画般晕染开来，颇有水流凝滞之感。整体造型浑圆饱满、古朴典雅、浑厚凝重。

1970 年 12 月，内蒙古大学历史系的学生们在呼和浩特市白塔东南约 500 米处参加生产劳动时，无意中发现两处窖藏。窖藏为

己酉年"小宋自造香炉"的局部

两个盖着铁釜的黑釉瓮，在其中的一个瓮底静静地放置着几件精美的瓷器，以这件带有明确纪年的香炉尤为重要。

"己酉年九月十五小宋自造香炉一个"的铭文，是研究元代瓷器发展史的一件标志性器物。"己酉"是古代比较常见的干支纪年法，这种纪年法存在60年一周期的问题，元代有两个"己酉年"，香炉出自哪个"己酉年"成为值得史学家考证的问题。史料记载，元代的两个己酉年，一个是元定宗皇后海迷失称制时期，即公元1249年；另一个是元武宗至大二年，即公元1309年。专家普遍认为香炉产自1309年，因为1249年元朝尚未统一，战乱不断。而1309年，元朝统一全国日久，社会相对稳定，经济得到恢复，包括瓷器制造业在内的手工制造业也得到了迅速发展。由此，可推断这件香炉应该是元代中期钧窑的产品。

器物窖藏的出土地点是与这一地区的历史背景存在必然联系的。丰州古城始建于辽神册五年（920年），辽金元代沿用，长

"小宋自造香炉"出土地附近的辽代"万部华严经塔"

"己酉年九月十五小宋自造香炉一个"铭文

达四百五十余年之久。当时的呼和浩特一带大部分地区长期受丰州管辖，这种情况一直延续到元代。古城在东、南、西三墙正中开设城门，城围4500米，面积约为1.3平方公里。城墙由夯土筑成，高达8米，沿城墙筑有马面和5米的角楼址。每个马面间距离约为65米，三门址都有直通城中央大型建筑台基的街道。其中，南大街宽15米，东、西街宽约8米。四面设城门，并筑有瓮城。城中有十字大街将全城划分为四个坊区，有东北坊、东南坊、西南坊和西北坊，闻名于世的万部华严经塔（现在俗称的白塔），高约56米。

元代初期，丰州城不仅仍然是一座繁华的城市，而且成为东西交通的枢纽。早在成吉思汗时期，长春真人邱处机到中亚大雪山谒见成吉思汗后东返，即经过丰州城停留，然后返回内地。元代初期名臣刘秉忠在《过丰州城》诗中，有"山边弥弥水西流，夹路离离禾黍稠。出塞入塞动千里，去年今年经两秋。晴空高显寺中塔，晓日平明城上楼。车马喧阗尘不到，吟鞭斜袅过丰州。"的诗句（刘秉忠《藏春文集》卷三），描绘了丰州古城的繁盛。但是元末无情的战火焚烧过后，这里曾经车水马龙的繁华景象从此消失了。真是"丰州城楼无踪影，旷野空余寺中塔"。

在丰州古城内出土的元代窖藏中，发现六件较大的瓷器，应为古城西北坊的寺庙遗物，寺庙名称说法不一，或宣教寺，或大明寺，从其遗址和柱础可知，该庙面积很大，有多层殿堂，从整体上来看是座规模很大的寺庙，是当时丰州城内重要的建筑群之一。香炉的出土地点位于白塔西北角，也就是当时西北坊的寺庙内。由于元代晚期战乱纷起，庙内寺人为了保护这批珍贵的佛前供器，匆忙之中将其埋藏在寺内地下窖藏中。上世纪的一次机缘，使得这批珍贵的供器重见天日。

元代寺庙使用的多为小香炉，而这件钧窑香炉体积较大，极为罕见。此外，目前国内出土的瓷器刻有铭文的比较少，而这件钧窑香炉刻有明确的烧制时间及工匠姓氏，这种"带款"的器物更显其研究价值。香炉上所刻"己酉年九月十五小宋自造香炉一个"，铭文中的"个"字，有别于元朝使用的繁体字，而是现在使用的简体字，这对简休字发展的研究极具价值。同时，钧窑香炉的出土对研究钧窑在北方地区分布情况和元代瓷器贸易方面有着积极的意义。

此件香炉从造型、胎釉特征来看，属于元代钧窑系产品。其基本釉色是各种浓淡不一的蓝色乳光釉，具有荧光一般幽雅的蓝色光泽，色调之美，非语言所能表达。虽属北方青瓷系统，但不同于一般的青瓷，色泽深浅不一，多近于蓝色，是青瓷工艺的一个创造和突破。使得同一件器物呈现出色泽不一而又过渡自然的釉色。

钧窑瓷器在宋代就享有"黄金有价钧无价"，"纵有家财万贯，不如钧瓷一片"的盛誉。到了元代，钧窑窑口众多，成为北方地区民间常用瓷器，以碗、盘为主，釉色较杂，外壁多露胎，造型不规整，大大降低了钧窑的五大名窑的位置，逐渐被元代景德镇窑系代替成为上层主流。但此件造型精美的鼎式香炉，在元代钧窑产品中脱颖而出，成为元代钧窑产品的代表作。40年来，随着中国田野考古发掘和水下考古事业的兴起，元代钧瓷出土较多，但尚无可以超越它的器物出现，当之无愧地被定为国家　级文物。

（党　郁）

18 钧窑月白釉香炉

钧窑月白釉香炉
通高 20.2、口径 15.5 厘米
内蒙古自治区乌兰察布市察右前旗集宁路古城遗址出土
现藏于内蒙古自治区文物考古研究所

香炉造型饱满，体型较小。平折沿、直颈，扁鼓腹，下承三个兽形足，颈部装饰有六枚梅花状鼓钉，颈部两侧附有环形兽耳将口腹部衔接，环耳外侧为对称的方形冲耳，腹部对称贴塑有兽面衔环纹。香炉内外壁皆施釉，呈月白色内壁施釉至颈部，外壁施釉至三足的中部。口沿部、耳周缘及纹饰凸出部分由于露胎，呈现橘红色，月白釉色与露胎橘红对比，使得器物厚重大方。2003年出土于内蒙古乌兰察布市察右前旗集宁路古城遗址的窖藏之中，为集宁路古城中难得的佳品。

香炉底足情况

集宁路古城遗址，位于集宁区东南25公里处的察右前旗巴音塔拉镇土城子村北，距今已有八百多年的历史。集宁路古城最早为金代集宁县城址，元代扩建了外城，并升为集宁路。由古城址内出土的遗迹遗物来看，经历了金、元两代，而最终毁于元代末年的红巾军起义。城内居民为了逃离战火，将自家珍贵的东西挖窖埋藏在房内，匆忙离去。出土的大部分器物多属元代，可见这座古城在元代最为兴盛。当时城内士、农、工、商俱全，建筑雄伟壮观，是元代漠南地区相当繁华的一座城市。元代蒙古人喜好蓝色和白色，而钧窑的基本色调符合蒙古人的审美取向，成为汉族及蒙古族共同喜爱的瓷器品

香炉耳部装饰

月白釉香炉出土时的情况

种。2003年，发掘了古城的中心街道，发现了较多的藏有器物的窖藏。出土有景德镇窑、磁州窑、耀州窑、建窑、钧窑、龙泉窑、定窑七大窑系的瓷器。因当年的重要发现，集宁路土城遗址被评为2003年十大考古发现。成为北方地区一座天然的"中国瓷器博物馆"。

遗址内钧窑瓷器为大宗，房址、灰坑内多见钧窑系的碗、盘等，但是大多器体厚重，釉色灰暗。香炉仅此一件保存完整。这件出土于窖藏内的月白釉香炉，为典型仿铜香炉制品。月白釉色为钧窑基本釉色之一，成色较浅，白中泛青，犹如夜空朦胧的月色，寂静而空灵。元代香炉体型均较小，此时期的香炉皆为仿造铜器的造型，兽面衔环铺首、梅花形鼓钉、兽面环耳等，充分体现了元代钧窑堆塑、雕塑的工艺。香炉造型除鼎式炉外，还有"奁式炉"。其用途亦有多种，或熏衣、或陈设、或敬神供佛。

古代香炉除了敬神供佛外，还是文人雅士的心爱之物，置于厅堂或摆于书房案头，读书时点上一炷清香，便有了"红袖添香夜读书"的美妙意境。灵性的香炉赋予人们更多的生命灵性，它穿越时光隧道，追逐并领略博大深远的历史文化。香炉起源于何时，尚未有定论，赵希鹄《洞天清禄集·古钟鼎彝器辨》："古以萧艾达神明而不焚香，故无香炉。今所谓香炉，皆以古人宗庙祭器为之。爵炉则古之爵，狻猊炉则古踽足豆，香球则古之鬵，其等不一，或有新铸而象古为之者。惟博山炉乃汉太子宫所用者，香炉之制始于此。"

宋代时香炉登堂入室，出现在帝王的内廷，而一些小型香炉则成为文人把玩之物。在当时，焚香与烹茶、插花、挂画并列为文人四艺，颇受文人喜爱。可以说宋代香炉代表了宋代瓷器的艺术精神。元代香炉保持宋代风尚，数量与品种繁多，以中小型香炉为主。大型香炉多为鬲式、鼎式，一般用于大型寺庙或贵族家庭，如呼和浩特市白塔窖藏所出者。而小型香炉造型别致，成为文人把玩之物，具有很高的艺术欣赏价值。

集宁路古城遗址出土的这件香炉与白塔出土钧窑香炉相比，造型装饰风格略显小气，但也非文人把玩之物，白塔出土香炉为当时寺庙佛前供器，而此件则应为普通家庭供器。

（党　郁）

19 钧窑鸡心罐

钧窑鸡心罐

口径 5、腹径 12、高 10.8 厘米

内蒙古自治区乌兰察布市察右前旗集宁路古城遗址出土

现藏于内蒙古自治区文物考古研究所

　　此件鸡心罐为集宁路古城中心街道附近的一座房屋内出土。是内蒙古地区目前所见品相最为完好的鸡心罐。集宁路出土钧窑产品较多，但大多为单色，有紫红斑的极少。可见，这件器物弥足珍贵。

　　器形整体曲线自然，敛口较小，弧腹重心下垂，圈足较矮。釉色呈较为纯净的天蓝色，由于罐的造型，形成釉从敛口处由薄到厚自然流淌，出现露胎、流淌、堆积等变化，使得天蓝釉有色调渐变的晕染效果。罐口不规则的紫红斑如同晴空中的一抹晚

霞，增添高贵之感。整个瓷器造型简朴，庄重大方，给人以静寂脱俗的感觉。

　　鸡心罐是宋元时期钧瓷的特有器形，其散发的自然、优雅、神韵天成的韵味，是宋代独有的审美风尚。其敛口、鼓腹、圈足，因侧面轮廓为鸡心形而得名。宋代耀州窑始烧此类瓷罐，金、元时期的北方地区，也大量生产，以宋代钧窑天蓝釉玫瑰紫斑鸡心罐最为名贵。钧窑瓷器在宋代是最为兴盛的阶段，宋钧官窑瓷器烧造要求极高，一窑内烧制的器物，凡稍有瑕疵者皆打碎，成品

极少，所以存留下来的多为精品。钧窑有着"入窑一色、出窑万变"的不确定性，往往形成自然流淌的花纹，自然而颇具神韵，符合宋代上流社会的审美需求。钧瓷产品，只有相近，没有相同，故留下了"家有万贯，不如钧瓷一片"的盛誉。

钧窑釉色以铜的氧化物作为着色剂，在还原气氛下烧制成功的铜红釉，为我国陶瓷工艺、陶瓷美学开辟了一个新的境界。元代烧制成功的釉里红，其着色剂就是铜的氧化物，其成色原理显然来源于钧窑。而钧窑首创铜红釉且烧制成功，对后世陶瓷业影响深刻。宋元时期钧窑的海棠红和玫瑰紫，明清时期的宝石红、霁红、郎窑红、桃花片以及某些窑变花釉等等，由于钧窑开创之举，才创造了后世彩瓷业的发达。

目前，考古出土的鸡心罐几乎不见，大多为民间收藏品。集宁路出土的这件鸡心罐釉色中棕眼较多，蓝色虽然艳丽，但不够纯净。相比较宋代鸡心罐较为精致，特点明显。主要有黑釉、黄釉、天蓝釉等。

其中品相最好的当属宋"钧汝窑"天蓝釉紫红斑鸡心罐，造型略显瘦高，瓷器表面布满形状不同的大小开片主要是斜鱼鳞片，釉色为纯净的天蓝色，具有长裂纹组成的内在的宝石光泽，釉层浑厚，莹润，玉石感强，敛口釉薄处微显红斑，似夕阳晚霞，这为汝瓷釉色的主要特征。鸡心罐在卵白色的底釉表面不仅析出有蓝色斑条还有少部紫红斑。而紫红斑的出现正是钧瓷釉色的主要特征。从这件瓷器上不但能欣赏到汝瓷釉色的美感，还能欣赏到钧瓷的窑变美。此外，与集宁路古城遗址出土的鸡心罐近似的还有2000年香港佳士德秋拍中的一件宋钧窑天蓝釉紫红斑鸡心罐，但釉色和紫红斑要比集宁路出土的鸡心罐品相略好。尽管如此，集宁路古城这件鸡心罐器形周正、规整，釉色鲜艳、紫红斑自然流淌，仍当属元代钧窑鸡心罐中的佼佼者。

（党　郁）

钧窑鸡心罐底足

钧窑鸡心罐出土时的情况

内蒙古自治区集宁路古城遗址发掘现场

20 钧窑大盘

钧窑天蓝釉大盘
口径 22.4、底径 13、高 5、足墙宽 0.8 ～ 1 厘米
内蒙古自治区乌兰察布市察右前旗集宁路古城遗址出土
现藏于内蒙古自治区文物考古研究所

　　钧窑大盘出土于元代集宁路古城遗址中心区一处房址的器物窖藏内。在该窖藏一次出土了三件钧窑大盘。三件大盘形制、尺寸相当，造型简洁、大方，均为敞口、浅弧腹、矮圈足，施釉均匀，釉面平整，底部露胎，可见胎质呈灰白色，较为细腻。三件大盘大小基本一致，口径在22～23厘米左右，底径11.8～13、高在5～5.5厘米之间。呈色分别为月白、天青、天蓝，充分展现了钧窑三种基本色调，显然为一次性烧造而成的。天青色釉的大盘

底部一圈呈浅淡的月白色，与腹壁和盘底中心的天蓝色形成色差，颇有晴空月夜的意境；天青色釉面较为柔和，内底略显浅淡；月白釉釉色更为柔和，发出莹润的乳状光泽，可见细细的蚯蚓走泥纹，内底一周为淡淡的月白色，形似月晕。三件大盘釉面光滑，发出幽雅的淡蓝色光泽，呈蜡状温润的质感。与传统青瓷工艺极尽"类玉"的风格完全不同。

　　集宁路遗址为元代路一级的建制，集宁路位于元代行政的腹心地带，处于农牧

接触地带，但是由于其所处地理位置特殊，使得这里成为草原丝绸之路上的重要中转站，最著名的就是南北各地著名瓷窑生产的瓷器在这里汇集，不仅为本地区人们使用，而且从这里进行贸易至北方更广阔的草原深处。蒙古国的元代哈剌和林古城内，数量巨大的瓷器碎片遍及各处。

随着蒙古人统一中原，在宋代为宫廷御用的钧窑瓷器逐渐进入普通大众的生活，生产的规模扩大使得钧窑瓷器质量下降，不重视器物的呈色和造型。集宁路古城遗址出土的钧窑瓷器大多为碗、碟等日常生活用器，釉面肥厚，胎质粗糙，器物外壁下方多聚釉，

釉色多呈天蓝，但蓝色发灰。这几件造型规整、釉色纯正的大盘当属集宁路钧窑瓷器中的精品，亦为元代钧窑瓷器中不可多得的艺术佳品。

这一组钧窑大盘，表面不见使用痕迹，出土于房屋内窖藏最底处，可见主人的喜爱程度。三件大盘在古城湮没七百多年，仍然保存完好，如今在考古学者手中重见天日，可谓天佑国宝。曾经收藏它们的主人在战火纷飞中将宝贝深藏地底，期待着回来后能继续使用，因战火而终生未果，成为憾事。

钧窑瓷器和龙泉窑瓷器在集宁路古城遗

钧窑天蓝釉大盘底足

钧窑天青釉大盘及底足情况
口径 22.3、底径 11.9、高 5.5、足墙宽 0.8 厘米
内蒙古自治区乌兰察布市察右前旗集宁路古城遗
址出土
现藏于内蒙古自治区文物考古研究所

钧窑月白釉大盘及底足情况
口径 22.2、底径 11.8、高 5.2、足墙宽 0.7~1.1
厘米
内蒙古自治区乌兰察布市察右前旗集宁路古城遗
址出土
现藏于内蒙古自治区文物考古研究所

钧窑大盘出土时的情况

址出土的瓷器窑口中，可谓大宗。钧窑在宋代仅为贵族享用在元代得以改观，成为普通民众、家庭的日常用器。而龙泉窑似乎更符合文人的审美情趣，在集宁路这两个窑口生产的瓷器的使用，也可见分化的明朗。钧窑瓷器受到蒙古族的喜爱，从而在日常生活中多见，器形以碗、盘为主。而龙泉窑大多沿袭宋代遗风，为当地汉人，尤其是文人的喜爱，器形较小，多为折沿洗、花口洗、双鱼洗等，少见碗、盘等。这一现象也表明集宁路古城内民族杂居、相互依存的社会状态。

（党　郁）

21 龙泉窑凤尾尊

龙泉窑刻花凤尾尊
高 50.4、口径 20、底径 15 厘米
内蒙古自治区呼和浩特市太平庄乡白塔村窖藏出土
现藏于内蒙古博物院

　　凤尾尊为 1970 年内蒙古自治区呼和浩特市太平庄乡白塔村窖藏出土。同出者有两件，造型一致，尺寸相当。均喇叭口、长颈、弧腹、近底处微外撇，圈足，内外壁皆施粉青釉，足底露胎呈现火石红色。整体造型秀丽挺拔，曲线玲珑柔和，宛若一古代清丽婉约的女子。因造型上部细长，中部饱满，下腹部外扩呈凤尾状而得凤尾之名。一件颈部饰弦纹，腹部刻划缠枝花草纹，凤尾饰瘦长的仰莲纹。一件喇叭口下饰弦纹，颈部饰贴塑折枝花卉纹，腹部饰缠枝牡丹。粉青釉汁莹翠素净，温润丰腴，剔刻流畅舒展，技法娴熟自如，为龙泉窑之精品。这两件尊挺拔秀美，曲线富于变化，丰盈而不失标致，装饰手法别致，除了龙泉窑常用的釉下剔刻技法以外，还有了贴塑技法。颈部繁密的一

道道弦纹的起伏增添了器形上的变化，从而取得奇趣的装饰效果。腹部贴塑的缠枝牡丹纹，与元青花上绘画的牡丹纹时代风格一致，牡丹丰美圆润。

龙泉窑兴盛于南宋中期，器形有普通大众喜爱的碗、盘、盆、盏、碟、壶、渣斗、水注、水盂、笔筒、笔架、棋子、鸟盏等，还有仿古铜器的鬲、觚、觯、投壶等，仿玉器的琮等。而随着瓷器烧造技术的不断提高，元代龙泉窑造型更加丰富，元代的蒙古统治者在接受汉文化的同时，也带来了草原的大气与粗犷，荷叶形盖罐、双系小罐、梅瓶、环耳瓶、连座瓶、琮式瓶、凤尾尊、狮座尊、观音塑像等，元代龙泉瓷器最大的特点是器形很大，胎体厚重。凤尾尊为新创造型，多用于插花，布置厅堂。

龙泉窑粉青釉是龙泉青瓷中的基本釉色，是以石灰与砻糠制成乌釉掺入釉内，制成的石灰碱釉。元代主要用的就是石灰碱釉。这类釉高温黏度较大，高温下不易流釉，釉层可以施得很厚，器物外观显得饱满。再通过控制烧成温度和还原气氛，使得釉面柔和淡雅、有如青玉。釉层中含有人量的小气泡和未溶石英颗粒，进入釉层的光线发生强烈散射，产生和普通玻璃釉完全不同的艺术效果。

元代龙泉窑由于石灰碱釉的运用和多次上釉技术的掌握，龙泉窑青瓷往往素面朝天，以釉色取胜。其实釉色的玉质感固然是世之所好者，但釉层一加厚，原先的刻划花很容易被厚釉所覆盖。所以到了元代，又流行露胎、贴塑、模印等装饰手法，这样玉质感的釉色和花纹图案的装饰效果就可以兼

得了。这两件粉青釉凤尾尊就是厚釉、刻划花与贴塑花结合的精品典型器物。

宋、元时期，随着航海业的发展，对外贸易进一步加强，中国陶瓷的外销呈现出空前繁荣的局面，特别是在广州、明州（今宁波）、杭州、泉州等地设立"市舶司"管理对外贸易后，大批外销瓷从这些港口启运，沿着唐、五代时期开辟的航道，源源不断地运往亚洲、非洲各国。现在以日本、菲律宾、马来西亚发现居多，埃及和伊朗出土的数量也很可观。宋、元时期的外销瓷以龙泉窑系青瓷为主，其次是景德镇窑系青白瓷，元代景德镇窑的青花瓷也大量用于外销。

1975~1977年，在韩国西南部的新安海底发现一艘元代沉船，打捞出一万多件瓷器，其中龙泉青瓷占了九千多件。2002年至2005年，在内蒙古集宁路古城遗址内也发现了数量众多的龙泉窑瓷器，包括荷叶盖罐、三足香炉、蔗节洗等珍贵品类。可见龙

龙泉窑刻花凤尾尊花纹局部

龙泉窑贴花凤尾尊
高 47.7、口径 19.6 厘米
内蒙古自治区呼和浩特市太平庄乡白塔村窖藏出土
现藏于内蒙古博物院

集宁路古城遗址出土瓷器中的龙泉窑瓷器

贴花凤尾尊花纹局部

泉青瓷在元代对外贸易中的重要地位。

　　这两件龙泉窑凤尾尊,在元代龙泉窑大器较为盛行的年代,也是不可多见,且其出土地点特殊,与钧窑带明确纪年的香炉同出一处,也属于佛前供器,根据前面所说的用途描述,应为供佛佛案两边的插花装饰之用。

（党　郁）

22 龙泉窑蔗节洗

龙泉窑蔗节洗
口径 11.3、底径 8、高 3.6 厘米
内蒙古自治区乌兰察布市察右前旗集宁路古城遗址出土
现藏于内蒙古自治区文物考古研究所

洗为古代文房用具之一，是置于书案盛水洗刷毛笔的器皿，有敞口、撇口、折沿、浅腹，圆形、葵花形、莲花形、桃形、荷叶形等多种形状。宋元时期各大窑口烧制瓷笔洗的较多，宋代哥窑、汝窑、龙泉窑、官窑、钧窑等均有传世品；明代首创十棱洗；清代创烧竹节洗、八棱洗、腰圆洗、扇式洗等。明清时期除了瓷笔洗外，还大量出现玉石、玛瑙、金属等材质。

文房之名，起于我国历史上南北朝时期（420～589 年），专指文人书房而言，中国书法的工具和材料基本上是由笔、墨、纸、砚来构成的，人们通常把它们称为"文房四宝"，是说它们是文人书房中必备的四件宝贝。中国古代文人基本上都是或能书，或能画，或既能书又能画，离不开笔墨纸砚这四件宝贝。

文房用具除四宝以外，还有笔筒、笔架、墨床、墨盒、臂搁、笔洗、书镇、水丞、水勺、砚滴、砚匣、印泥、印盒、裁刀、图章、卷筒等等，也都是书房中的必备之品。故宫博物院收藏的文房四宝多为清代名师所作、皇家御用，其用料考究、工艺精美，代表了我国数千年来文房用具的发展水平和能工巧匠们的创造智慧与艺术才能，是文房用具中的瑰宝。

　　元代集宁路古城遗址出土的这件蔗段洗为宋元时期龙泉窑样式，但宋元龙泉窑青瓷洗造型最多的为葵瓣形、菊花形、折沿形，装饰多为内外壁饰仰莲纹，内底饰刻划、压印、模印的折枝花草纹、菊花纹，另外贴塑双鱼纹也很多。

　　集宁路古城遗址出土的龙泉窑瓷器数量较多，但精品较少。有碗、盘、高足杯等，沿袭南宋器形较多。此件敞口、浅腹、圈足的圆口洗，内壁压印呈花状，外壁压印呈粗短的蔗段状，为宋元时期龙泉窑笔洗品种之

一。集宁路古城遗址出土的龙泉窑洗基本皆为葵口折枝花草纹和双鱼纹，而蔗节洗仅此一件。目前蔗节洗发现较多的为浙江本地，而北方出土者较少。此件釉色为粉青色，莹润饱满，器身施全釉，底足内圈刮釉一周，呈现火石红色。器形虽小，但造型简约，釉色可人，与花口和印花的笔洗相比，显得自然、大方，符合文人追求简约的审美。与之造型相同的有浙江博物馆的藏品，民间收藏也较多，尺寸基本相当，釉色较多，其中最好的为梅子青、其次为粉青，还有豆青色。

（党　郁）

龙泉窑蔗节洗出土情况

23 龙泉窑瓜棱纹荷叶盖罐

龙泉窑瓜棱纹荷叶盖罐
盖径 32.2、罐口径 26、通高 32.5 厘米
内蒙古自治区乌兰察布市察右前旗集宁路古城遗址出土
现藏于内蒙古自治区文物考古研究所

　　元代集宁路古城遗址龙泉窑大件器物出土较少，仅此瓜棱纹大罐一件。虽然器底略有残，但能在元代末年的战火中保存下来，已经是难能可贵。此件大罐出土于一黑釉大瓮的瓮底，盖罐内部出土时还存放有钧窑盘、仿铜陶樽、青铜方壶等一批重要的文物。

　　此罐直口微内敛，短直颈，圆鼓腹，圈足稍高，器盖为荷叶形茎蒂形纽盖。通体以瓜棱形为纹样，饰以粉青釉，足底无釉，呈现火石红色。胎质灰白、细腻坚硬，胎体厚重，形制雄伟有气魄。器盖边缘为高低略有起伏的荷叶花边，使得粗大笨重的盖罐线条显得柔和，增添了些许含蓄婉约的美感。这件荷叶形盖罐是龙泉窑粉青青釉瓷器的代表作品，釉色柔和淡雅，洁净莹泽，碧绿如翡翠，温润如春水，真正达到了中国陶瓷界千百年来追求的"千峰翠色"、"如冰似玉"的理想境界。瓜棱荷叶盖罐的器形是元代新创的造型，符合元代蒙古族粗犷大气的审美取向，这种大型器物其用途可能是用来盛酒。元代荷叶盖罐出土较多，但精品不多。1984 年江苏省溧水县出土一件，当时极为轰动，这件荷叶盖罐周身饰弦纹，号称元代龙泉窑盖罐中独一无二的绝品，1990年曾参加过中国文物精品展。但是与2003年集宁路出土的大罐相比，无论从造型还是釉色，显然要逊色得多。元代荷叶盖罐颇为盛行，在瓷器中也有较多的青花荷叶盖罐，在目前发掘的元墓壁画中也多出现这种荷叶盖罐的原形。

古城内出土的龙泉窑瓷器釉多呈黄青色，以刻、划花为装饰。梅子青仅见瓷片，大多为粉青釉。这件大罐因为多次上釉，因此瓜棱和边缘有棱角的地方会微微露白出筋。龙泉窑青瓷在元代担任着重要的外销任务。至今在英语词汇中，有一个单词celadon，专门指称中国青瓷。其词源来自于法语"雪拉同"。这里还存有一个故事，元代一位阿拉伯商人参加法国上层贵族宴会，将从中国带回的龙泉窑青瓷作为礼物赠送给贵族，当时欧洲对中国青瓷的名称尚不知如何翻译，期间正好在演出一部著名的舞剧《牧羊女亚司泰来》，中国龙泉青瓷的颜色与舞剧中男主人公身上所穿的衣服色调相近，故贵族以男主人公雪拉同的名字来命名中国青瓷。从此，欧洲人以"雪拉同"作为最珍贵的礼品赠送朋友，表示相互的深情厚意，如同雪拉同与牧羊女那样纯洁高尚的爱情。

元代对外贸易西北地区靠草原陆路，东南地区靠海上水路。集宁路作为元代欧亚大陆草原地带的一座担负着商业贸易的城市，将元代中原地区的各大名窑瓷器从这里中转到蒙古、中亚、甚至到欧洲地区。集宁路处于元代统治的腹里地带，直接承载元代欧亚通往中亚、西亚、甚至欧洲的对外经济贸易的重任。而在古城内还出土有精美的高丽青瓷，表明元朝与东南亚地区的礼尚往来。东南亚地区的贸易是通过南方广州、泉州、福建地区来完成，这些偶然出现的青瓷可能只是来到大元帝国的高丽人作为礼品赠送的贵重瓷器。同时也表现这一时期，蒙元帝国对外开放的程度很高，输入和输出同时存在，也是元代经济贸易、对外文化交流的真实见证。

集宁路古城的发掘和重大发现，体现了元代经济贸易的空前繁荣，这些珍贵文物背后承载了很多的关于当时手工工艺、经济贸易、对外交流等方面的信息。

（党　郁）

元墓壁画中所见的荷叶盖罐

24 青釉龟形砚滴

青釉龟形砚滴
高 7.2、长 10.6、宽 8.2 厘米
内蒙古自治区乌兰察布市察右前旗集宁路古城遗址出土
现藏于内蒙古自治区文物考古研究所

此砚滴出土于元代集宁路古城遗址"王宅药铺"院落内的窖藏之中。元朝末年，在红巾军和明军的北伐战争中，集宁路古城遭到严重摧残。战争迫使当地居民纷纷将不便随身携带的重要物品埋藏在古城内外，并仓促逃离。砚滴的主人同样在自己的药铺内埋藏了大量价值不菲的重要物品，然而，不幸的遭遇使他与集宁路古城永远诀别，这件砚滴也随之沉寂在阴暗的瓷瓮之中，直到2003年冬季被考古队发掘出土，才又重见天日，焕发异彩。

砚滴通体作卧龟形，龙首高昂，张口露齿，鬃发向两侧乍开，背部线刻饰出六边形甲片，每个甲片上都刻划有一个"王"字，胸脯及四肢饰鳞纹。龙口衔莲蕾，枝叶负于背上，背部正中有圆形注水孔，与龙口相通。除了双目涂褐色之外，砚滴通体施青釉。砚滴的制作工艺非常精细，形态富有弹性和生动感，线条流畅，釉色青翠亮丽，是一件非常罕见的青瓷艺术品。

砚滴是滴水入砚的文房用具，在古代社会的文化活动中扮演着重要的角色。此件

青釉龟形砚滴局部情况

砚滴的造型应为水中神兽——鳌，具有"金榜题名，独占鳌头"的吉祥寓意，寄托了古人对考取功名的追求和向往。另外，此砚滴的造型还与古代传说中龙的九子之一——赑屃（音 bìxì，又名霸下）相似，据说这种神兽健壮有力，能负重，所以古代石碑下的龟趺也往往雕凿成这种神兽的形象。

这件砚滴因其特殊的学术价值和意义而备受古陶瓷研究者关注。从整体造型、胎釉特征、支烧痕迹判断，这件砚滴属于高丽青瓷，有的学者将其产地推断为韩国全罗南道康津郡沙堂里窑址。高丽青瓷是高丽时期继承新罗时代陶瓷器工艺传统并受中国越窑青瓷工艺影响而生产的瓷器，生产由宫廷直接派官员管理，器物务求华丽，重质不

求量。高丽青瓷一般烧两次，在以掺入少量铁元素的白土做坯充分晾干后，第一次在 700℃～800℃ 的低温中烧制，出窑后在表面施含有 1%～3% 铁元素的石灰质釉，再入窑用 1250℃～1300℃ 的还原焰高温瓷化。高丽青瓷的特点是釉色淡而亮丽，釉层薄而透明，所以也被称作翡色青瓷。造型以曲线为主，优雅、自然、圆浑、流畅。纹饰修饰手法多样，主要有印花、堆花、透雕、铁绘、镶嵌、辰砂、描金，并以颜料表现纹样，极富感染力。高丽青瓷中模仿自然界中常见动植物的象生瓷非常多，既有鸳鸯、鸭、猿、虎、兔等动物，也有竹笋、石榴、香瓜、桃子、竹、莲花、莲叶等，经过写实性的艺术加工修饰，既美观实用，又趣

味横生，反映了高丽民族崇尚自然的传统。鳖形砚滴就是高丽象生青瓷的常见类别之一，由于此类造型的高丽青瓷的存世量极为稀少，故韩国将同类造型的器物列入国宝收藏，并视为高丽象生青瓷工艺成就的代表。

韩国学者过去将此类器物的年代推定为公元12世纪前半叶（相当于两宋之交），但这件砚滴却出自于元代晚期的窖藏之中，时间相差约200年。这种现象直接导致人们产生了许多疑问和猜想，例如，韩国学者的推断是否正确？此类砚滴在窖址中的烧造时间是不是由12世纪延续到了14世纪，且造型稳定？这件砚滴在当时是否为已流传了两百多年的传世品？由于集宁路古城始建于金末明昌三年（1192年），城内的晚期地层中基本不见金代以前遗物，所以作为未遭扰动过的元代晚期窖藏，放置早于窖藏甚至早于城址始建年代的遗物的可能性微乎其微，这也意味着这件砚滴为元代高丽青瓷产品是毋庸置疑的。

据《元史》、《高丽史》等有关文献记载，蒙古曾多次大规模进攻高丽，直至元世祖时期才停止征伐。此后，从忠烈王迎娶元世祖之女齐国大长公主开始，元朝有数位公主下嫁到朝鲜半岛，忠宣、忠肃、忠穆三王均为元朝公主所生，高丽和元朝的关系日益密切，文化和经济交流逐渐频繁。《高丽史·赵仁规传》中记载高丽将军赵仁规觐见元世祖时"尝献画金磁器，"这种画金瓷器即是高丽青瓷中的特殊品种，因这种瓷器破碎后"金亦随毁"，故元世祖命"瓷器毋画金、毋进献"。通过贡奉、民间贸易等渠道，少量高丽青瓷流入元朝的东南沿海地带和北方草原地区，这件砚滴很可能通过民间贸易途径流通到集宁路古城。从"王宅药铺"所埋藏的大量珍贵遗物分析，砚滴的主人家境殷实，社会地位较高，充分表明高丽青瓷千里辗转到草原地区后，并没有落入寻常百姓家。巧合的是，鳖形砚滴背部甲片上的"王"字纹饰，与王宅药铺的主人姓氏相同，这可能是王姓主人对此件砚滴倍加青睐珍爱的原因。

（宋国栋　汪利琴）

25 油滴盏

油滴盏
口径 11、底径 4.3、高 4.9 厘米
内蒙古自治区乌兰察布市察右前旗集宁路古城遗址出土
现藏于内蒙古自治区文物考古研究所

　　呈现在我们眼前的是一件仿建窑油滴盏，出土于内蒙古自治区乌兰察布市察右前旗集宁路古城遗址。该盏口微敛，弧腹，圈足。胎灰白色胎，黑色釉上布满银色油滴斑，斑点大小不一，有较强的金属光泽。口部釉色呈酱色。内壁施满釉，外壁施釉不到底，圈足露胎，足壁粘有较细的白色沙渣。从盏的胎、釉、装饰特点分析，是一件仿建窑的瓷盏。看到这了不禁要问，为什么要仿建窑呢？这还得先从建窑谈起。

　　建窑是我国宋代南方著名的黑釉瓷窑。该窑兴起于晚唐五代，盛于宋代，衰落于元代。在其初创的晚唐五代时期，建窑规模较小，主要烧制青釉器，兼烧少量酱釉器。五代末北宋初，建窑改建装烧工艺，改烧黑釉器。到了两宋，建窑进入繁荣时期。大量烧制标准黑釉瓷器，以碗居多，当时文献中称盏或瓯，习称"建盏"。南宋晚期至元代早期，建窑出现青白瓷产品。元代以后，建窑废止。

总得来说，建盏的胎体厚重，但各部位厚度不等。口沿处最薄，从口沿处往下逐渐变厚，最厚处在底部。建盏的胎体比较粗糙，含有大量的石英砂粒和气孔，系使用含铁量较高的黏土泥料制成。由于胎中含铁量高，故胎色多呈紫黑色或灰黑色，少数呈褐色。

油滴釉是建盏中十分流行的釉色之一，因釉中含铁量大，烧成时铁的氧化物富集存起，冷却时局部形成饱和，析出赤铁矿和磁铁矿的晶体。油滴有大有小，大的因釉层厚、黏度大，有利于气泡长大，从而使气泡周围能聚集更多的氧化物的缘故。油滴的形成与烧成温度有关，这种釉的烧成温度不超过 20℃，温度高了气泡会破裂，温度低了又形不成结晶斑，烧成难度较大。斑纹的颜色主要有两种，一种呈银白色，被称为"银油滴"；另一种呈金黄色，被称为"赤油滴"。建窑、定窑、耀州窑、鹤壁窑、临汾窑都发现过油滴结晶釉标本，以临汾窑为多，以福建建窑最富盛名。定窑、鹤壁窑烧造的油滴结晶斑点很小，但银质光泽较强。

除油滴釉外，建窑还生产一种与油滴釉接近的曜变釉，极为罕见。"曜变"是指光照之下而呈现的异彩。曜变盏内外黑色釉面上呈现大小不等的圆形或近似圆形的斑点，斑点的分布并不均匀，几个或几十个聚在一起，经光线照耀，斑点周围有炫目的晕

油滴盏侧面

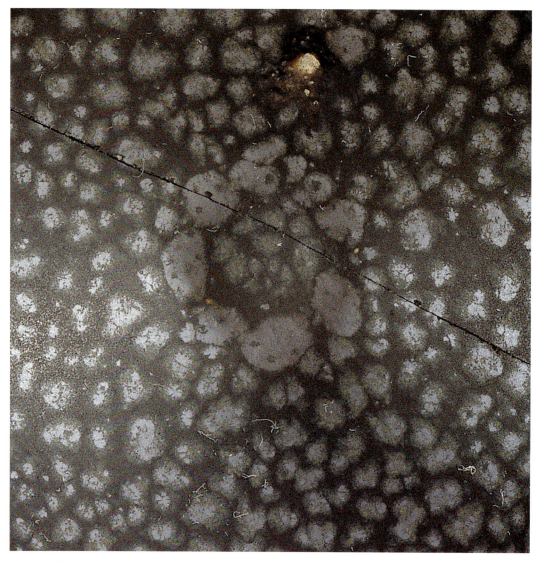

油滴盏瓷体表面油滴结晶情况

彩变幻，呈现蓝、紫红、金黄等色，璀璨相应，珠光闪烁，确属珍品。有学者认为曜变釉是油滴釉中的一个特殊品种。

　　表面来看集宁路遗址出土的黑釉油滴盏为河北或河南的一些窑场仿烧建窑之盏，体型较小，平淡无奇，然稍了解茶道历史的人见到油滴盏会刮目相看——此盏名

气却颇大，与前朝的斗茶之风关系密切。

　　饮茶之风，自唐以来，便极为繁盛。唐时被誉为"茶仙"的陆羽，一生嗜茶，著《茶经》三卷，从此"天下益知饮茶"。到了宋代，饮茶更加普遍，已经成为"盖人家每日不可缺者，柴米油盐酱醋茶"的开门七件事之一。饮茶饮得久了，"斗茶"之风盛

行，品茶斗茶成为一件极为文雅和流行之事，上至君王庙堂，下至贩夫走卒，无不以此为乐。看那《清明上河图》，上面便赫然矗立着几家茶肆呢！

饮茶怎能没有器具，宋代斗茶用半发酵的膏饼，将膏饼碾成细末放入盏内，沏以初沸的开水，水面浮起一层白沫，以白沫多少论胜负。陆羽在《茶经》中曾讲过好的茶具的标准："隽永"、"持久耐用"、"宜简"、"雅而不丽"、"因材因地制宜"。这是标准，也是饮茶者长期摸索出的规律。黑盏盛茶便于观察茶末白色，本来默默无闻的建盏便脱颖而出，成为饮茶者的至爱，甚至皇室也舍近求远要求建窑上贡。

总结起来，建盏有如下几个优点：

一是"持久耐用"。上面也提到过，建盏胎体厚重，故可较长久保温；多砂粒，触手粗糙，故易把持；多气泡，更增保温效果。

二是造型"宜简"。建盏口沿极薄，易刺人口，人们多包以金银边，这一小施为顿时化腐朽为神奇，粗茶盏化身贵重典雅之物。建盏口大底小，且口沿内敛，便于向其倾倒茶水，也便于冲泡茶叶。建盏体型都不大，正适合端起饮茶。

三是"雅而不丽"、"隽永"，主要是指其釉色。饮茶是清雅事，黑白自然为上佳色，茶汤是白色，建盏最拿手的恰恰就是黑釉，黑釉托白汤，自是好搭配。然而只有黑白，未免太单纯。建窑除黑色本色之外，它拥有变幻莫测的油滴状圆点，给素白茶汤增加了一抹亮色。

集宁路古城位于北方草原，遗址中出土的油滴斑结晶类瓷器并非建窑本窑场产品，而是北方民窑烧制的仿建窑产品。但其做工较为精湛。胎有灰、灰白、淡黄等色，部分瓷器露胎处呈褐色或灰黑色。油滴斑有棕红色、金色、银色等，少量瓷器故意将油滴斑点聚成团状并成组分布。这些瓷器的釉层均较厚，釉面上有较强的金属光泽，绚丽夺目。

集宁路古城遗址出土的油滴盏数量较多，反映了元代饮茶之风的盛行。由于帝王的好尚，上行下效，不仅促使建窑的大量生产，也是更多的瓷窑竞相效仿。加之南方的建盏产量有限，而又距离北方草原路途遥远，所以为了迎合世人饮茶之风，北方一些窑场仿烧建盏是很自然的事。

油滴盏圈足

（张红星）

26 兔毫盏

兔毫盏

口径 11、底径 4.3、高 4.9 厘米

内蒙古自治区乌兰察布市察右前旗集宁路古城遗址出土

现藏于内蒙古自治区文物考古研究所

内蒙古集宁路古城遗址的考古发掘出土了大量建窑系瓷器，除油滴釉瓷器外，还有较多的兔毫釉产品，但多为残片，鲜有保存完好者。

呈现面前的就是集宁路古城遗址出土的一件兔毫盏。该盏敞口，弧腹，圈足，胎灰白色，黑白色釉上流淌出丝丝酱黄色兔毫纹，纹理短而密集，具有较强的金属光泽。内壁施满釉，口部釉色为酱黄色，圈足无釉，呈褚色。外壁有锔钉。

建盏最美妙之处在于它变幻莫测的釉色，除纯黑釉盏以外，最为人称道的是兔毫斑盏。兔毫斑釉是建盏最为流行的釉色，在黑色釉面上呈现竖向丝缕状的自然纹理，细密如兔毛，因而被称为"兔毛斑"或"兔毫斑"。建窑兔毫盏的胎体中含铁量高达9%以上，在高温时胎中有部分铁质熔入釉中。由于在烧成过程中釉层中产生的气泡将其中的铁质带到釉面，当烧到1300℃以上，油层流动时，富含铁质的部分就流成条纹，而在冷却时则从中析出赤铁矿小晶体而形成。斑纹的颜色主要有两种，一种呈银灰色，被称为"银兔毛"或"银兔毫"；另一种呈金黄色，被称为"金兔毛"或"金兔毫"。

宋代的茶叶是制成半发酵的膏饼，饮用前先要把膏饼碾成细末放在茶碗内，沏以开水，因此称为"点茶法"。由于点茶技艺性、表演性强，自唐末五代起，就从福建兴起一股"斗茶"之风。斗茶胜负的标准主要是"色"与"浮"。"色"，以茶汤面色鲜白为上。点茶之色，一般有纯白、青白、灰白、黄白数种，以纯白为上。而斗"浮"比斗"色"更见功夫。斗浮即要乳花浮起后着盏不落，先露水脚，水痕先出者为负。斗茶最重"烹新斗硬要咬盏"，要使乳花像固体那样咬住盏壁，凝而不动。这就对茶具提出了极高的要求，当时福建建窑烧制的一种黑釉茶盏，釉面呈条状结晶纹、细如兔毛的，被称为"兔毫釉"。兔毫有黄、白两色，称"金兔毫"、"银兔毫"。宋徽宗赵佶十分喜欢斗茶，熟

兔毫盏底足

知此道，曾亲写茶书《大观茶论》，赵佶斗茶时使用的茶盏就是建窑的银兔毫盏，觉得白色的兔毫映衬在青黑釉色上，显得格调品位更胜一筹。为此建窑中有"供御"、"进盏"铭文的，可能是专门为皇家烧制的瓷器。

集宁路古城遗址出土的兔毫盏，虽然残片居多、完整者寥寥无几，但这种现象已经可以说明自宋以来无论是上层统治阶层还是下层普通民众，热衷斗茶由来已久。自古曰玩物丧志，宋徽宗所追求的也许是闲情逸致，也许是忙里偷闲，但他丧失的不只是江山，还博得世人千古一笑，是讥，是讽，从区区一建盏可见一斑。后世之人所依托者，无出于此。

（张红星）

兔毫盏侧面

27 "监国公主行宣差河北都总管" 铜印

"监国公主行宣差河北都总管"铜印
长 10.8、宽 10.7，通纽高 6.3、体厚约 1 厘米
重 2.8 斤，黄铜质
内蒙古自治区呼和浩特市武川县五家村出土
现藏于内蒙古博物院

　　自古以来，男尊女卑的观念在古代社会中根深蒂固，可是，仍然还是有些女子，她们的智慧、勇气和非凡成就，连极不情愿的史家都无法将她们忽略。即便在史书最不起眼的角落，她们的光彩依然夺人心魄。这里要说的，是成吉思汗的三女儿阿剌海别吉。她重新引起今人热烈讨论的，是在这方铜印出土之后。

　　据丁学芸先生《监国公主铜印与汪古部遗存》介绍，这枚铜印 1974 征集于呼和浩特市武川县五家村。黄铜质，印背面有台级一层，长方形直纽，顶端刻一"上"字下凿刻一"王"字。印文为阳刻篆体九叠文，三行十四字，为"监国公主行宣差河北都总管之印"。印的正中有畏兀儿蒙文两行，体式很特别、古朴，字迹已经漫漶不清，经内蒙古大学亦邻真先生考定，可能为"总管之印"。

　　据发现者回忆，这方铜印是 1958 年挖土坯时发现，铜印就在距地表 3 ～ 4 尺深处的一块石板下的灰烬中。五家村虽没有古遗存发现，但在五家村附近发现了一些金、元时期的古城堡和墓葬。而据史书记载，金元之际活动在今内蒙古大青山以北地区的是汪古部部族。

这方铜印的主人是谁呢？丁学芸先生考证其为监国公主本人，而周清澍先生则认为铜印的主人是受监国公主委派、管理河北一带的管民官"行宣差"、"都总管"。究其原因，是对印文的理解不同。

"监国公主"，监国之称，古已有之。君主不在，太子留守掌政，谓之监国。蒙元从成吉思汗始，先后有斡赤斤、托雷、淮王帖木儿不花监国，这三位所监之国，乃是整个帝国。监国公主所监之国，却不是整个帝国，也不是蒙古本部，而是如洪钧所认为的"夫死，遂自领汪古本部事"，也就是监汪古。但是，可别以为阿剌海别吉的权限只在汪古内部，当时蒙古诸王、驸马等都有权任命地方官吏。根据史书上的片段记述，我们可以看出阿剌海别吉的权限是很大的。她不仅掌管汪古部政事，还可以降懿旨任命今山西、河北等地的地方官员。1228年，托雷监国时，据《元史·王楫传》："戊子，奉监国公主命，领省中都。"

"宣差"，即帝王派遣的使者。南宋赵珙《蒙鞑备录·奉使》："彼奉使曰宣差。自皇帝或国王处来者，所过州县及官兵头目处，悉来尊敬，不问官之高卑，皆分庭抗礼。"这段记录说明宣差作为帝王的使者，出巡时权利极大。行宣差，即帝王派往外地的使者。

"河北"，在元朝指黄河以北包括今山西、河北等地在内的广大地区，属中书省直接管辖的京畿地区。"都总管"，宋辽时即有的官名，《历代职官表》："都总管正如今巡抚兼提督之比。"

从印文的整体来看，这方印的主人应当是监国公主派驻河北地区的都总管，它也

铜印印文

内蒙古自治区多伦县出土的元代九叠文铜印及印文

反映出监国公主阿剌海别吉的权力不限于汪古部，她对包括京畿地方的官员任命也是可以的。

这位河北都总管姓甚名谁，史料有限，我们无从知晓。这方铜印出土于大青山北部的武川县，那在元朝是汪古部的领地，也就是三公主阿剌海别吉的管辖范围。

关于阿剌海别吉，她是成吉思汗的三女儿，是毫无疑问的。在成吉思汗与金朝的对抗中，汪古部之主阿剌兀思坚定地站在成吉思汗的一边，使后者得以长驱直入金境，功劳甚是巨大。为了嘉奖他，成吉思汗将其第三女嫁与汪古部。但是这位三公主到底是嫁给汪古的哪个，史籍说法不一，《史集》记载她嫁给了阿剌兀思的儿子镇国，赵珙《蒙鞑备录》说她嫁给镇国的叔伯兄弟不颜昔班，《元史》称她作了武毅王孛要合之妻，

《阁碑》记述她嫁给阿剌兀思。经过周清澍先生的考证和梳理，他认为阿剌海别吉一生共嫁四夫：成吉思汗与汪古建立友谊之年（1204年），初嫁阿剌兀思，三年后阿剌兀思死；后嫁不颜昔班，遇镇国叛乱，不颜昔班死；再嫁镇国，至赵珙出使时（1221年），镇国已死，阿剌海"寡居"；成吉思汗从中亚返回后（1224年），孛要合回汪古部，纳阿剌海别吉为妻。

从一个女人的角度来看，她是不幸的，似乎她的每一次嫁人，都带给夫婿以死亡，何况一个人经历三次这样的劫难。其实也怪她不得，生老病死，权力纷争，岂是她一个女子想避免就能得的？据《阁碑》载："（阿剌兀思）为畴昔异议所害。长子不颜昔班死焉。武毅（孛要合）尚幼，王妃阿里黑挈之，偕幼子镇国夜遁至界垣。门已

闭，诉于守者，绝垣以登，逃难云中……"可是在这样的乱世中，她始终作为监国公主掌握着汪古部乃至整个帝国部分地区的权力，这是需要勇气和智慧的。《繁峙王氏世德碑》载金人王兆等投降官员最后要"受监国公主教"，正式除授升迁。曾经多次出使南宋的王檝，他也曾在戊子年（1228年），"奉监国公主命，领省中都"。实际上，当时蒙古的诸王、驸马都可以各自任命官吏，宣布对某地征税或免税。他们的"令旨"、"懿旨"与大汗的"圣旨"同样有效。所以他任命一名"河北都总管"也是合情合理的事。

从1217年算起，监国公主至少统治汪古部20年。正因为有了阿剌海别吉，蒙古才巩固了同汪古部这个稳定而忠实的联盟关系。汪古部北通大漠，南达中原，是漠北和中原的交通要冲，又是中西陆路交通的必经之路，战略地位十分重要。汪古部在成吉思汗统一蒙古各部和用兵中原的过程中，起到了重要作用。所以，帝国建立之后，汪古部在阴山前后仍然保留着原有的领地和属民，世世代代赐爵封王，享受着崇高的荣誉，有元一代不衰。成吉思汗为了保持同汪古的密切关系，同汪古结为俺答，并约为世婚。元朝皇帝公主嫁与汪古部诸王为妻者，即有六个，更不论宗王之女者。

阿剌海别吉卒年不详，在史书中也没有自己的传记。但是史臣颂扬她："神明毓粹，智略超凡，决生运筹，凛有丈夫之风烈。"她是担得起这份评价的。

（程国锋）

28 三皇庙祭器——铜簠、铜爵

铜簠
高 9.1、口径 21.3、宽 31.4 厘米
内蒙古自治区赤峰市喀喇沁旗出土
现藏于喀喇沁旗博物馆

在内蒙古自治区古赤峰市喀喇沁旗出土一对元代仿制的青铜簠与青铜爵，为供奉于三皇庙内的祭器，由于两件青铜器上都有详细的铭文，信息含量大，非常珍贵。

铜簠为双兽耳，子母口，扁圆腹，圈足，腹上部饰回纹，下为雷纹，腹中部有三行二十二字："皇姊大长公主施财铸造祭器永充全宁路三皇庙内用"。该祭器是元朝延祐六年（1319 年）大长公主祥哥刺吉捐奉给全宁路三皇庙的，反映了元朝时期蒙古皇家贵族信奉道教的史实。

铜爵上饰兽面纹，以回纹为地，爵柱上饰云纹。在流口背面有铸字，共三行二十一字："皇姊大长公主施财铸造祭器永充全宁路文庙内用"。该铜爵是大长公主祥

哥刺吉敬奉全宁路文庙的祭器，反应了元代统治者尊孔奉儒、吸纳汉文化的史实。

三皇庙是指供奉天皇伏羲氏、地黄神农氏、人黄轩辕黄帝的场所。

伏羲氏，一作宓羲、包牺、伏戏，亦称牺皇、皇羲。一说伏羲即太昊，本姓风。传说他有圣德，像日月之明，故称太昊。神话

铜簠腹部装饰的雷纹

中华夏民族的始祖。又传他教民结网，从事渔猎畜牧。始画八卦，造书契、都陈。在位15年。相传其人首蛇身，与其妹女娲成婚，生儿育女，成为人类的始祖。又相传他是古代东夷部落的杰出首领。伏羲根据天地间阴阳变化之理，创制八卦，即以八种简单却寓意深刻的符号来概括天地之间的万事万物。此外，他还模仿自然界中的蜘蛛结网而制成网罟，用于捕鱼打猎。关于太昊伏羲氏的记载在古籍中常见，但又说法不一。

相传伏羲的母亲华胥氏外出，在雷泽中无意中看到一个特大的脚印，好奇的华胥用她的足丈量了这个足迹，不知不觉感应受孕，怀胎12年后，伏羲降生了。晋皇甫谧《帝王世纪》说："太昊帝庖牺氏，风姓也，燧人之世有巨人迹出于雷泽，华胥以足履之，有娠，生伏羲于成纪。"东晋王嘉《拾遗记》说："春皇者，庖牺之别号。所都之国有华胥之州，神母游其上，有青虹绕神母，久而方灭，即觉有娠，历十二年而生庖牺。"唐

司马贞《补史记·三皇本纪》说："太暤包牺氏，风姓，代燧人氏继天而王。母曰华胥，履大人迹于雷泽，而生庖牺于成纪。蛇身人首，有圣德。"

伏羲氏是中国文献记载中最早的智者之一。伏羲氏对事物有着敏锐的观察力、对土地有着深厚的感情，同时他又拥有着超人

铜簋铭文

的智能。伏羲氏将他观察到的一切，用一种数学符号（这种二进制数学模式成为当今计算机技术发展的基石）描述了下来，这就是八卦。

上古时期，孟津东部有一条图河与黄河相接，龙马负图出于此河，伏羲氏依龙马之图画出了乾、兑、离、震、巽、坎、艮、坤为内容的卦图，后人称为伏羲八卦图。伏羲氏仰观象于天，俯察法于地，用阴阳八卦来解释天地万物的演化规律和人伦秩序。伏羲氏造书契、正婚姻、教渔猎，结束了人们茹毛饮血、结绳记事的蒙昧历史，开创了中华文明。龙马负图寺遂成为"河图之源"，伏羲氏则被奉为中华民族的"人根之祖"、"人文之祖"。《汉书·孔安国传》曰："龙马者，天地之精，其为形也，马身而龙鳞，故谓之龙马，龙马赤纹绿色，高八尺五寸，类骆有翼，蹈水不没，圣人在位，负图出于孟河之中焉。"

据说伏羲乃雷神之子。《山海经》说："雷泽中有雷神羲龙身而人头，鼓其腹。"《太平御览》引《诗含神雾》说："华胥氏因踏雷神足迹，感而有孕，生伏牺。传说伏羲蛇身人首，有圣德。"伏羲氏有赤龙氏，降龙氏，上龙氏，屠龙氏，青龙氏，水龙氏，潜龙氏，长龙氏，白龙氏。

神农氏是传说中的农业和医药的发明者，继伏羲以后，神农氏是又一个对中华民

铜爵
高 21.4、宽 9.8、长 21.7 厘米
内蒙古自治区赤峰市喀喇沁旗出土
现藏于喀喇沁旗博物馆

天骄遗宝·蒙元精品文物

族颇多贡献的传奇人物。他发明了农耕技术而号神农氏，因以火德王，又称炎帝，然而关于神农氏是否就是炎帝这个问题，学术界一直存在争议。

轩辕黄帝为中华民族始祖，人文初祖，中国远古时期部落联盟首领。黄帝（前2697～前2599年）少典之子，本姓公孙，长居姬水，因改姓姬，居轩辕之丘（在今河南新郑西北），故号轩辕氏，出生、创业和建都于有熊（今河南新郑），故亦称有熊氏，因有土德之瑞，故号黄帝。他首先统一中华民族的伟绩而载入史册。他播百谷草木，大力发展生产，创造文字，始制衣冠，建造舟车，发明指南车，定算数，制音律，创医学等，是承前启后中华文明的先祖。传说中远古时代中华民族的共主，五帝之首。

这两件青铜器是供奉于三皇庙内的重器，器身系青铜铸造，整体器身较重，颜色偏灰暗，锈蚀严重。器身造型系仿商周青铜器，但略显粗犷，具有豪迈奔放之风。两件铜器均出土于同一地点，按铜器上的铭文内容，都在元代的全宁路范围。

全宁路遗址在今内蒙古自治区翁牛特旗所在地乌丹镇西门外，当地俗称"西门外古城"。城址在新建的"十里长街全宁路"东侧，少郎河环其前，青泉山屏其后，赤锡公路带其右。这里地势平坦、山水拱绕，自古以来就是兵家必争之地，如今是赤峰市南北交通的咽喉要道。

全宁路始建于元代。辽时，乌丹古城为丰州，金代称全州。元代宗大德年间，这里又成为弘吉刺部的藩府。弘吉刺部又作翁吉刺，累世与蒙古部互通婚姻，即今所谓"翁

铜爵铭文

吉刺惕氏，生女则世以为后，生男则世尚公主"。弘吉刺部特薛禅之女丰儿台就是元太祖光献翼圣皇后，其子按陈跟随元太祖铁木真西征南战，立下了汗马功劳。作为赏赐，在1215年，成吉思汗把今赤峰市大部分地区（包括翁牛特旗）分封给外戚特薛禅家族成员。元贞元年正月（1295年）按陈之子，特薛禅的孙子济宁王蛮子台与其妃元世祖忽必烈之女囊加真公主请命于元成宗，以应昌路东700里之地创建城邑，名为"全宁"。大德元年（1297年）升全宁为全宁府；大德七年十一月，升府为路，自此称全宁路。

元代有路、府、州、县行政建置，路为行省以下行的级别，元代在路一级城市内皆设有庙宇，供奉先哲，以示崇尚儒道文化。

（白丽民　徐　峥）

29 纸币与铜钱

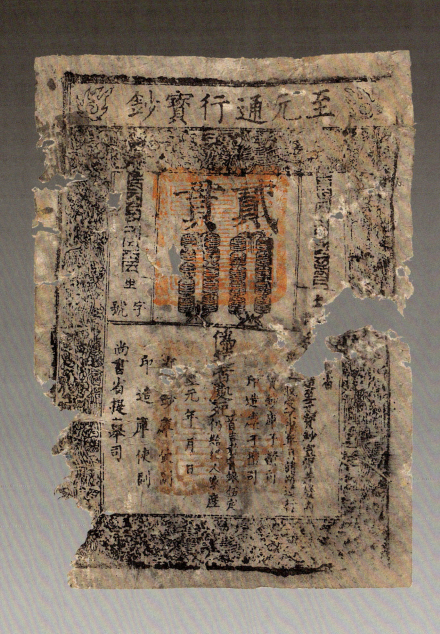

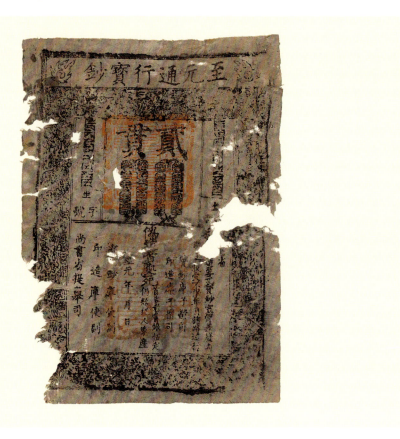

"至元通行宝钞"纸币
内蒙古自治区阿拉善盟额济纳旗黑城古城遗址出土
现藏于内蒙古自治区文物考古研究所

内蒙古地区的元代古城遗址与墓葬当中,经考古发现有一特殊的现象,就是大量的发现其他时代的铜钱,同时在一些地处干旱地区的古城中也零星地发现一定数量的纸币。这些钱币多出土于窖藏,亦有少量出土于房址、灰坑或地层当中。钱币种类以宋钱为主,另有相当数量的金、元代钱币,还有少量的五代及汉代的钱币。这些钱币的出土,为进一步研究元代的货币制度提供了弥足珍贵的实物资料。

窖藏钱币有的用罐装盛,有的用皮囊,还有的就地挖坑填埋。多成串穿在一起,每

内蒙古自治区集宁路古城遗址出土的窖藏钱币

串钱币数量不定。有些出土的钱币较新，钱郭及内穿还带有毛茬，钱身带有沙粒。出土于房址与地层的钱币较为零散，多使用过，另外发现有错版及熔铸钱币的现象。关于钱币的种类，宋钱主要有"皇宋通宝"、"祥符通宝"、"至和元宝"、"端平通宝"、"大观通宝"等，金代钱币主要有"正隆元宝"、"大定通宝"两种，元代铜钱有"至大通宝"、"大元通宝"、"至正通宝"等，五代及汉代钱币有"唐国通宝"及五铢钱。大量宋代及前历朝代钱币在北方草原地区元代城址中的发现，应是一种反常的历史现象，从中可以窥

内蒙古自治区集宁路古城遗址出土的不同时代的铜钱

"至元通行宝钞" 纸币
内蒙古自治区阿拉善盟额济纳旗黑城古城遗址出土
现藏于内蒙古自治区文物考古研究所

到元朝货币经济的另一侧面。

　　蒙元时期的货币制度沿袭宋金币制，成吉思汗建立蒙古汗国，仿宋"大观"钱制，铸行"大朝通宝"钱。窝阔台、蒙哥汗时期，继续沿用金朝的纸币制度。元世祖忽必烈即位后，曾仿造过宋、金的钱币，如"宣和通宝"背半分，"大观通宝"背半钱等，同时还颁行交钞，发行中统元宝交钞，统一中国后，以中统钞为固定货币，以白银为货币本位，大量发行纸币，于是以后各代铜钱的铸行数量逐渐减少或废止，一般象征性地

铸行一些类似"中统元宝"、"至大通宝"、"至正通宝"的年号钱，这是元代铜钱发现较少的一个主要原因。自忽必烈以后，各代争相印制纸币，仅中统元宝交钞一项，至元十三年（1276年）改铜版印刷后，发行量剧增，达一百四十一万余锭，以后又有"中统银货"、"至元通行宝钞"、"至大银钞"等，大量纸币的发行，大大超过了朝廷的准备金，加之朝廷强行以法律手段干预市场，导致通货膨胀，纸币实际上成为国家强制流通的一种永远不能兑现的货币，其结果是造

成了民间交易市场上"铜贵纸贱"的局面。元武宗时，已经意识到这种情况，重新铸行铜钱，并规定与纸币的兑换比例。至大二年（1309 年）下诏曰："其钱曰至大通宝者，一文准至大银钞一厘；曰大元通宝者，一文准至大通宝钱一十文。历代铜钱悉依古例，与至大钱通用。其当五、当三、折二，并以旧数用之"（见《元史·食货志》）。元顺帝时，又采用吏部尚书契哲笃的建议，再次更改钞法，重铸铜钱，新印至正中统交钞，以楮币为母，铜钱为子，称之为"子母相权"，其内容是以中统交钞壹贯文省权铜钱一千文，准至元宝钞二贯，这种颠倒本末的币制改革，其目的是放手印制交钞，以虚代实。1352 年，印造至正钞一百九十万锭，至元钞十万锭。1355 年，又印制至正钞六百万锭。元代交钞的大量印制，而民间无钞本抵换，其结果是造成物价增长十倍。《元史·食货志》记中统钞："昏软者不复行用，京师料钞十锭，易斗粟不可"，"每日印造，不可数计"，致使百姓不愿使用，纸币形如废纸，民间贸易甚至达到以物易物的地步，元朝的

财政经济基本上崩溃。在这种情况下，民间自然视铜钱为保值货币，这种货币体制的弊端，已有志士认识到："钞乃虚文，钱乃实器，钱钞并用，则民必舍虚而取实"（《王忠文公集》卷一二《泉货议》）。朝臣吕思诚亦提出反对意见，说民间将"藏其实（铜钱）而弃其虚（钞币）"。元代古城及窖藏出土的大量钱币，即是这种历史现象的真实折射，宋代及其他朝代铜钱在民间的大量存在，说明元代民间贸易仍使用铜钱为流通货币，铜钱之间的比值兑换应是以铜的含量多少来进行计算的。所以，在民间市场上，其他朝代的铜钱都可以流通使用，在内蒙古地区的许多元代古城中发现大量前历朝代铜钱，这应当是较为合理的一种解释。

另外，在发现的这些钱币当中还发现有成贯新钱及错版溶币现象，同时共出数量较多的铸铜坩埚，这说明在元代民间存在着私铸钱币或溶钱它用的现象。元钞"铜贵纸贱"的结果致使铜钱在民间市场上的私下流通，一些不法商人乘机囤积居奇，改变铜铅比率，私铸铜钱上市亦有可能，在元代城址中发现品相拙劣的被称之为"朱书大观"的"大观通宝"及"泰和通宝"、"大定通宝"等钱币，说明了这一现象的存在。而在古城中较多地发现铜镜、仿古的铜瓠、铜仿等大件铜器，是否溶钱铸造转变其货币价值也未可知。从中可以看到元代畸形货币经济的一些侧面。

（陈思如　陈永志）

内蒙古自治区集宁路古城遗址出土的宋代铜钱

30 陶商队

陶商队
征集于陕西省北部
现藏于内蒙古博物院

在内蒙古博物院收藏了一组展现丝绸之路的重要文物——陶商队，由五人、两马、一驼、一车组成，十分珍贵。陶商队中的五人均为蒙古人装饰造型，髡发，鼻高面阔，身着长袍。其中二人作牵马状，其他三人双手互插袖中站立。从装饰与面相上看，一人为官吏造型，身着圆领官服，头戴折沿官帽，脚穿高腰靴子。另外二人头戴毡帽，身着长袍，高鼻深目，为典型的中亚人。还有两人为妇女形象，高髻，垂发，长袍，站立状。两匹马为典型的蒙古马，一马配鞍，一马驮物，另一峰骆驼，身驮重物，用帏布包裹捆绑。最后是一辆方蓬式车，轮辕等车构件雕琢形象写实，为蒙古草原上习见的

"勒勒车"式样。人、车、马、驼整体形象地展现出一幅在草原上行走商队的画面，反映出草原丝绸之路上商贸往来的真实场景。

丝绸之路是人类历史上最长的文化交流大通道，千百年来，围绕着这条大通道，发生了一系列的重大的历史事件，东西方文化以此为纽带碰撞、融合、升华，对人类文明的产生，社会历史的发展产生了积极而又深远的影响。"草原丝绸之路"是指蒙古草原地带沟通欧亚大陆的商贸大通道，是"丝绸之路"的重要组成部分。其时间范围可以定位为青铜时代至近现代，空间范围大致框定为北纬40度至50度之间的这一区域，自然环境以草原为主要地貌特点，活动的人类群

体以游牧为主要经济类型。其主体线路是由中原地区向北越过古阴山（今大青山）、燕山一带的长城沿线，西北穿越蒙古高原、南俄草原、中西亚北部，直达地中海北陆的欧洲地区。沿线经过的主要古代城市有辽上京（今巴林左旗辽上京遗址）、元上都（今正蓝旗元上都遗址）、集宁路（今集宁路古城遗址）、天德军（今丰州古城遗址）、德宁路（今傲伦苏木古城遗址）、哈喇浩特（今额吉纳旗黑城遗址）、哈刺和林（今蒙古国前杭爱省哈刺和林遗址）、讹答刺（今哈萨克斯坦奇姆肯特市）、塔拉斯（今吉尔吉斯斯坦西北部）、托克马克（今吉尔吉斯斯坦托克马克市）等地。草

内蒙古自治区集宁路古城遗址考古清理出的市肆遗址

原丝绸之路东段最为重要的起点是内蒙古长城沿线，这里是游牧文化与农耕文化交汇的核心地区，是草原丝绸之路的重要链接点。在草原丝绸之路上活动的人类群体主要是古代的游牧民族，自青铜时代起，先后有卡拉苏克、斯基泰、狄、匈奴、鲜卑、突厥、回鹘、契丹、蒙古等主要游牧民族。

"草原丝绸之路"是几千年来连接东西方经济贸易的大动脉，它的发展与繁荣在蒙元时期达到了顶峰。在窝阔台汗时期，正式建立了驿站制度，元朝形成了规模庞大、四通八达的驿站网络。这些驿站既是元朝政

令、军令上传下达的重要通道，同时也是政府对外进行商贸往来的主要线路。这时的草原丝绸之路形成了三条主线。据《元史·地理志》记载："北方立站：帖里干、木怜、纳怜等一百一十九站"，"帖里干"道属东道，起点站为元大都，北上经元上都、应昌路（今克什克腾旗达里湖西岸）至翕陆连河（今克鲁伦河）河谷，再西行溯土拉河至鄂而浑河上游的哈剌和林地区；"木怜"道属西道，在元上都附近，西行经兴和路（今河北省张北县）、集宁路（今内蒙古集宁市）、丰州（今呼和浩特白塔子古城）、净州路（今

四子王旗）北溯汪吉河谷（今蒙古国南戈壁翁金河）至哈剌和林；"纳怜"道又称"甘肃纳怜怪"，自元大都西行经大同路东胜州（今托克托县大荒城）溯黄河经云内州至甘肃行省北部亦集乃路北上绕杭爱山东麓至哈剌和林。由于哈剌和林地区地处蒙古高原的腹地，草原丝绸之路的三条主干线大多通过这里再向西北经中亚纵向延伸，直至欧洲。这三条通往欧洲的驿路，构成了草原丝绸之路的最为重要的组成部分。

生活繁衍在蒙古草原地带的游牧民族是传承东西方文明的重要介质，同时也是草原文化的主要缔造者，对开通和繁荣草原丝绸之路作出了巨大的贡献。蒙元时期是草原丝绸之路最为鼎盛的阶段。成吉思汗建立横跨欧亚的蒙古汗国，道路四通八达，并建立驿站制度，至元朝建立，以上都、大都为中心，设置了帖里干、木怜、纳怜三条主要驿路，构筑了连通漠北至西伯利亚、西经中亚达欧洲、东抵东北、南通中原的发达网络。元代全国有驿站 1519 处，有站车四千余辆，这些站车专门运输金、银、宝、货、钞帛、贡品等急需贵重物资。当时，阿拉伯、波斯、中亚的商人通过草原丝绸之路往来中国，商队络绎不绝。此时最为著名的商贸城市是元上都。元上都城内的西关，是各国商人进行交易的地方，史载："（上都）自谷粟布帛，以至纤靡奇异之物，皆自远至。宫府需用百端，而吏得以取具无阙者，则商贾之资也。"（虞集：《贺丞相墓铭》，载《道园学古录》卷一六)，可见商品交易之盛况。在元上都，外国使者、旅行家、商人、教士等频繁来访，如发郎国的使者最早在中统年间就在开

平觐见过忽必烈。至元年间，元惠宗派遣发郎国人安德烈及其他十五人出使欧洲，致书罗马教皇，教皇又派遣马黎诺里等人到元上都回访元惠宗，并呈献罗马教皇的回信和礼物。最为著名的事件是意大利商人马可·波罗在至元十二年（1275 年）随父来到元上都，受到忽必烈的接见，回国后写下了著名的《马可·波罗游记》，向西方详细介绍了元上都的宫廷生活和礼仪、蒙古族的生活风习等。另外，印度、缅国、尼波罗国等国的使者、僧侣、工艺家、商人等都曾来到过元上都，当时的元上都是国际性的大都会。有诗曾形象地写道："酒馆书填金，市中商贾集，万货列名琛"。

这一组陶商队真实地反映草原丝绸之路上商贸往来的真实状况，十分珍贵。在中国北方草原地带的其他地区，还相继发现了有关草原丝绸之路的其他文物。在呼和浩特市东郊的万部华严经塔发现了世界上现存的最早的钞票实物"中统元宝交钞"；在额济纳旗黑城古城遗址相继发现"中统元宝交钞"、"至元通行宝钞"。在内蒙古各地还发现了大量中原辗转交换来的瓷器，元代集宁路古城遗址发掘出土了大量的窖藏瓷器，汇聚了中原七大名窑的精品，同时还出土四万余枚铜钱，足以说明当时贸易的兴盛。草原丝绸之路的发达，为开放的元朝带来了高度繁荣，使草原文明在元朝达到了极盛。中国的指南针、火药、造纸术、印刷术通过草原丝绸之路传播到了欧洲，从而推动了世界文明的发展。

（陈永志　白丽民）

31 黑城出土文书

黑城出土文书
内蒙古自治区阿拉善盟额济纳旗黑城古城遗址出土
现藏于内蒙古自治区文物考古研究所

提到黑城文书，就必须介绍一下黑城。黑城历尽繁华，然而人力不敌沧桑，终成废墟，埋名于荒漠戈壁的深处。它的神秘和巨大价值，曾经吸引了无数探险家。他们跋山涉水，风餐露宿，冒着断水断粮和土匪抢劫的危险，探寻它的下落，或成为国人崇拜的英雄和大学者，或成为遭人唾骂的强盗，他们是科兹洛夫、斯坦因、华尔纳、斯文·赫定、贝格曼……这就是黑城，蒙古人叫它哈喇浩特，位于今内蒙古自治区阿拉善盟额济纳旗达来呼布镇东南25公里处的荒漠中，是西夏黑水城和元代亦集乃路的遗址。

黑城古城，原为西夏黑水城，是黑水镇燕军司驻地。1226年成吉思汗攻占该城。

至元二十三年（1286年）设路总管府，称亦集乃路，"亦集乃"为西夏语"黑水"之意。此后该城被明军占领，随着明朝防线的内移，该城终于被废弃。

1983和1984年，国家文物局拨付专款，由内蒙古自治区文物考古研究所联合阿拉善盟文物工作站共同进行发掘。基本将全城勘察完毕，揭露出房屋基址280处，出土有大量文物标本及文书。

黑城遗址，规模不大，平面呈长方形，东西长421、南北宽374米。城墙西北角上有五座覆钵式喇嘛塔，这五座塔保存较好，是黑城的标志性建筑。经过李逸友先生的勘探，城内布局已基本清晰，有东西向大街四

条，南北向大街六条，其中东西向大街是主
干道。总管府遗址位于大城内靠近西城门的
北侧，为官员办公之处。居民住在城内和东
门外关厢地方。除总管府及司属机构所占
住地外，居民居住区域划分为若干坊，文书
中所见坊名有永平坊、清平坊、极乐坊、崇
教坊和庠序坊等。城内主要街道名称有正街
和东街，住地名称还有龙王堂、太黑堂等。
城外东关厢地方通称作东关或东关外。在这
些街坊内居住的各色人户的基层组织，文书
中未见里正、坊正或主首等沿袭南宋、金朝
的名称，而是设置巷长一职，为官司应役当
差，在城区设置巷长数目不详，当是每坊都
设有此职。

据主持发掘的李逸友先生在《黑城出
土文书》中记述，这批出土文书将近三千
件，是前所未有的重大发现，其中汉文文书
数量最多，有二千二百余件，其他依次为西
夏文、畏兀儿体蒙古文、八思巴字、藏文、
亦思替非字、古阿拉伯文等各种少数民族文

字文书。从保存状况来看，基本完整或虽残
但能贯通文义者，约有760件。汉文文书中，
属于公文方面的有卷宗、人事、民籍、礼仪、
军政军务、农牧、钱粮、站赤、词讼、票据、
儒学和封签等几大类。其中钱粮类文书数量
较大，又分作钱粮、俸禄、诸王妃子分例、
军用钱粮、官用钱粮五类。属于民间文书
的，有契约、书信、账单、习字、包封、柬帖、

西夏文文书

印本书籍及其抄本等。属于佛教方面的，有
佛徒习诵本、经咒的抄本和印本等。黑城出
土文书中的汉文，使用三种文体，一是硬译
体，二是口语体，三是书面体。硬译体是直
接将蒙古语翻译成汉文，而又不符合汉语的
语法规则或用语习惯的一种特殊的文体。这
种文体，常见于甘肃行中书省给亦集乃路的
札付中，引用的皇帝圣旨及诸王指令往往都
是这种难解的文体。民间书信中使用的语
言，往往是元代通行的口语，不按照语法规
则说的话也照样写出来。在词讼类文书中，

出土文书残片

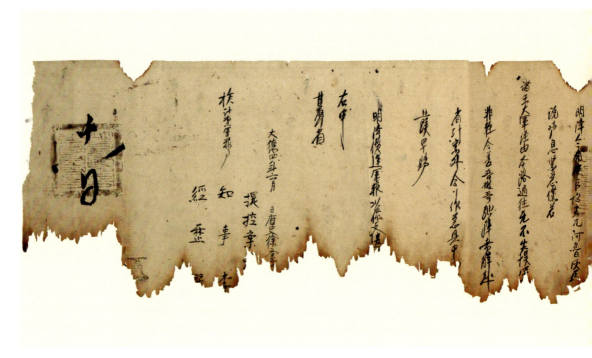

公文卷文书

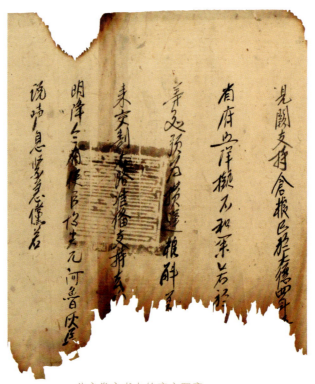

公文卷文书上的官方印章

天骄遗宝·蒙元精品文物

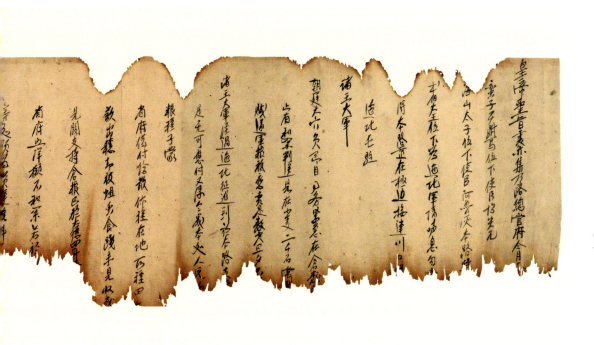

有时也夹带着口语。公文都必须使用书面语言，也就是通称的文言文。文书普遍使用元代通行的简俗字，就连官方编纂的《大元通制》也是如此。文书所见用纸有宣纸、夹宣纸、绵纸、麻纸、桑皮纸、竹纸、夹竹纸、草纸等多种。一般都用黑墨书写，墨色有浓淡差别，淡墨书写者极难辨识认读，往往模糊不清。文书上所见字体有楷、行、草、隶和仿宋等几种。在黑城内发掘所得的汉文文书中，除少量属于西夏时代的佛经外，凡是属于公文及民间交往的世俗文书，都是元代和北元遗物。

黑城出土民间文书以及官府公文，全面反映了当地的政治、经济、文化、社会情况，为研究亦集乃路元代和北元初期的历史，提供了真实可靠的系统资料。

首先看政治方面。从文书中可以看出总管府官员的设置情况，与《元史·百官志》中记载的大致相同，但又略有不同。如文书中提控案牍兼治名称往往随意改写。亦集乃路总管府内设有吏礼房、户房、钱粮房、刑房、兵工房和司吏房六房，分别负责管理礼、吏、户、兵、刑、工及文书处理等各项政务，其名称和职能与中书省各部不直对。亦集乃路的司属是依据当地实际情况建制的。总管府之下，有广积仓、税使司、支持库、河渠司、两屯百户所、巡检司、司狱司，以上都属于官府俸禄供给。民间城区设置巷长，村屯设置社长和俵水，作为基层组织的职事人员，并非公职吏目，而是指派的差役。文书中还出现了元朝法律《大元通制》印本、《至正新格》残本和新的律令抄本，使我们得见原书的真实面目，同时对于研究元律有着重要的价值。

其次看经济方面。亦集乃路以农业为主，田赋是地方财政收入的主要来源。遗址内出土的文书，以钱粮类文书为最多，在课税方面的文书中，又以田赋为多，其次为抽分羊马税，再次为酒醋课和商税契本。财政支出中，包括俸禄、诸王妃子分例、军人钱粮、官用钱粮等名项。其中官用钱粮中又包含若干科目，其名目的繁多，开支数量的巨大，远非边陲下路的财力物力所能承受。

再次看文化方面。亦集乃路地处边陲，人口较少，地瘠民贫，文化落后，但是身为路一级政权所在地，仍设置儒学和文庙。《通制条格》中"杂令·文庙亵渎"称文庙是神圣不可侵犯的地方，并规定了祭祀制度。设儒学教授一员，官职九品。设儒田和儒户，子弟可保证收入，就读诗文，免除差役。统治者非常重视使用蒙古语文，设蒙古教授一员，正九品。出土文书中有关科学技术的文书不多，包括有算学、医学、农学和历学。纵观遗址内查明的佛教和伊斯兰教遗迹和文书中出现的各种文字的佛教经卷、伊斯兰教文卷、阴阳占卜抄本、道教符箓残页，亦集乃路居民的宗教信仰，流行佛教和伊斯兰教。佛教徒以信仰藏传佛教为主，少数信仰汉地佛教。信仰伊斯兰教的回回人有很多，黑城外西南角的礼拜寺至今仍保存完好。其他还有阴阳学、道教和三皇庙等，充分反映了元朝兼容并包的宗教信仰政策。

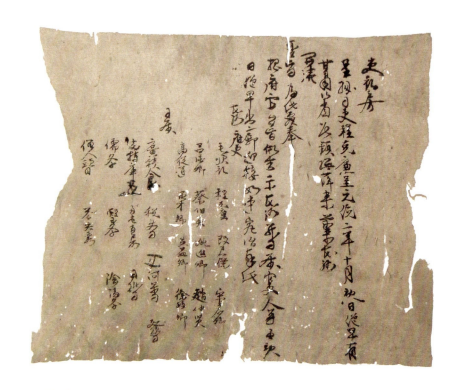

"吏礼房"通知文书

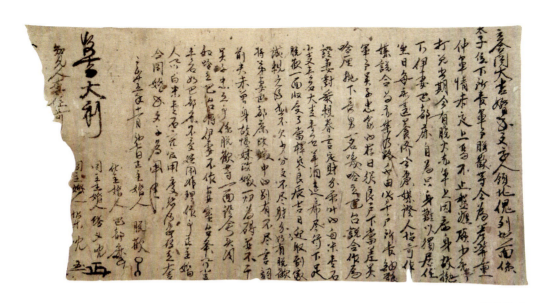

婚约文书

　　最后看社会构成。从文书中可见，亦集乃路的居民，包括有蒙古、党项、汉、回回、畏兀儿和藏族，这是一个多民族杂居的地方。主要户口是屯田户、军户和站户，还有一些为儒学耕种学田的学田户、知书识礼免充差役的儒户以及回回包银户、木棉户等，都分别登记入籍。登记户籍由各渠社长负责，需要填写祖孙三代、人口、事产、孳畜、新增人口等各项。居民的数量，农业人口约有 4000 人，城内和关厢居住的非农业人口在 3000 人左右，全路居民约 7000 人，属于下路级别。文书中多次见到有关驱口的记载，证实了这个地区有大量驱口存在，并且逃驱案件时有发生。此地土地有限，居民依靠农业生存，因此关于争夺土地、水利、牲畜的案件也不少。亦集乃路管领的居民中，作奸犯科之事屡见不鲜，社会不稳定的局面，在元末更为突出。在遗址内出土的文书中，有不少关于社会治安的，其中包括斗殴、凶杀、盗窃、抢夺和强奸等形形色色的犯罪。遗址文书中有关婚姻的文书也较多，当时娶妾行为还属合法。元朝官吏多经商牟利，朝廷不予制止，官吏多经营高利贷，从政治上腐蚀了元朝。另外，文书中详细记录了亦集乃路管领的驿站——蒙古八站以及八站的运作情况。

　　黑城文书经过了内蒙古自治区文物考古研究所工作人员的努力整理，已经扫描并出版，相信它丰富多彩的内容，黑城神秘的历史，在学者们的研究中，一定会纷纷呈现在世人眼前。

（程国锋）

32 姑姑冠

姑姑冠
高 34、底径 9 厘米
内蒙古自治区乌兰察布市四子王旗元代净州路古城遗址出土
现藏于内蒙古博物院

以木条作框架，用桦树皮围合缝制而成，下为圆筒形，上为"Y"形。外包饰褐色印金团花锦。为蒙元时期蒙古贵族妇女流行的冠饰。

姑姑冠，又作顾姑、故姑、固姑、罟罟、罟姑、罟罛。"姑姑冠"其实是蒙古语"妇女头饰"的汉语音译，叫"顾姑冠"、"古

固冠"等，汉族叫它"姑姑冠"。姑姑，其中有一个意思是妇女；冠，为帽子。其实指的都是同样一件东西，即一种元代蒙古妇女的头饰，是一种高高长长的帽子。蒙语作孛黑答。此冠形如圆柱，顶部正方，高二尺左右，以竹木为骨，外糊纸或皮，通常以红绢金帛为饰，即包着贵重的丝织物，缀着各种

珠宝。冠顶并插一杆修长的羽毛，或饰以采
帛的柳枝、铁杆等。戴上这种帽子，远远就
能看见，很惹人注目。鲁不鲁乞《东游记》
中称这种姑姑冠为"孛哈"。《东游记》，约
翰·普兰诺·加宾尼的《蒙古史》，以及我
国的《长春真人西游记》、《草木子》等书中，
对这种冠的形制均有具体描述。

元末明初人叶子奇《草木子》中曾描述：
元朝后妃及大臣之正室，皆带"姑姑"、衣
大袍。其次即带皮帽。"姑姑"高圆二尺许，
用红色罗盖。唐金步摇冠之遗制也。

姑姑冠是女子结婚戴的帽子。在元代，
只有蒙古族贵族已婚妇女才能戴姑姑冠。这
一独特的冠服的起源，是来自于古代蒙古族

姑姑冠上的贴花装饰

的一种特殊的抢婚风俗。姑姑冠，就是为了
区别已婚妇女与未婚少女而演变的一种冠
服，它也因此成了已婚妇女的标志。这样，

现藏于内蒙古博物院的其他种类的姑姑冠

元仁宗皇后像上所见的姑姑冠

或楼子，盖兜鍪之遗制"。"楼子"，指的大概就是笠，所以才说它是兜鍪（古代头盔）之遗制。所谓笠，是一种圆檐斗笠形帽，因为形状像钹，所以叫钹笠冠。这种冠有顶,冠后还垂一片帛以护颈。夏天戴软帽，冬天则戴毛皮制软帽或毡帽。这类帽本来无前檐，忽必烈射猎时感到日光刺眼，察必皇后特意给加了前檐，从此蒙古族便都戴这种有圆檐、或前圆后方式的帽子了。后来大概受中原影响，蒙古族也有戴幞头的，而蒙古贵族妇女戴姑姑冠。在日常生活中，蒙古妇女也有戴头巾的。

（徐　峥　史静慧）

戴上了姑姑冠的女性，就可以避免外人不知是否已婚而被"抢婚"、"求婚"了。

　　按照当时的风俗，蒙古族的贵族妇女结婚后，要将头顶至前额的头发剃光，再戴上"姑姑冠"。已婚贵族妇女头上的姑姑冠，最忌讳别人触碰。因为当时的人们相信，如果触碰了姑姑冠，就会给戴冠者带来厄运。

　　由于姑姑冠比较高，戴上它妇女出入时要低下头，稍稍弯腰侧身，以免姑姑冠碰到别的物体，因而戴冠者的姿态甚是婀娜。戴着姑姑冠干活肯定是不方便，所以普通牧民妇女是不戴这种华丽的头饰的，只有贵族的已婚妇女才戴姑姑冠。元朝灭亡后，"姑姑冠"也逐渐销声匿迹了。

　　元代帽子式样男女是不一样的。《黑鞑事略》载，蒙古男子"帽而夏笠"。叶子奇在其《草木子》一书中说到，蒙古"官民皆带（戴）帽，其檐或圆，或前圆后方；

元代姑姑冠穿戴复原图

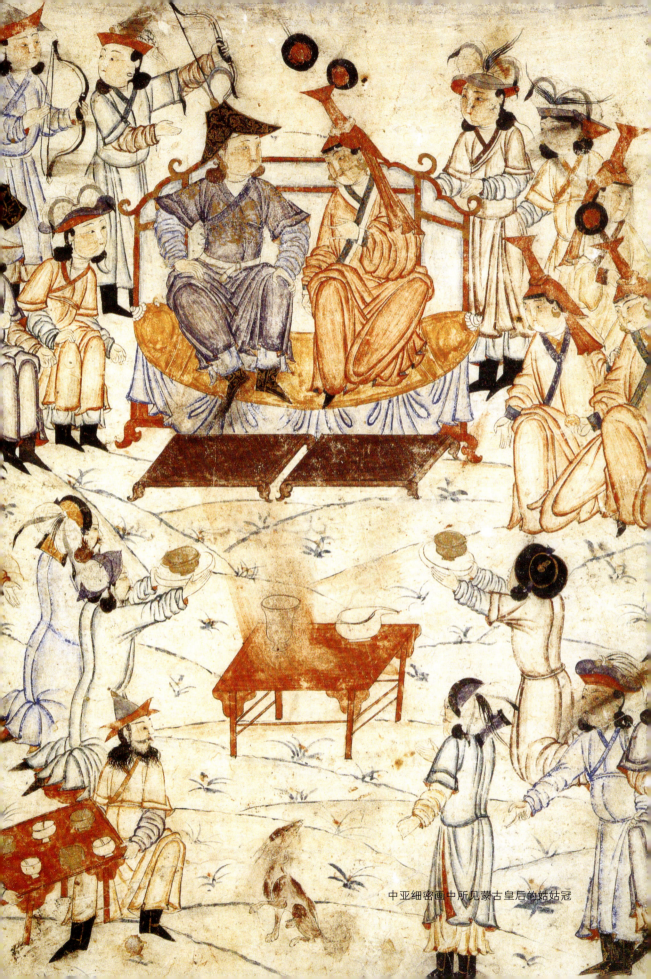

中亚细密画中所见蒙古皇后的姑姑冠

33 绣花夹衫与"纳石失"辫线长袍

绣花夹衫
身长 58、通袖长 107 厘米
内蒙古自治区乌兰察布市察右前旗集宁路古城遗址出土
现藏于内蒙古博物院

绣衫在元代服饰中占有重要地位，出土于集宁路古城遗址的绣花夹衫是元代刺绣服饰中的上品，代表着元代刺绣的高超水平。这款绣衫对襟直领，直筒宽袖，面料为棕褐色四经绞索罗。表面采用平绣针法，以平针为主，结合打籽针、辫针、戗针、鱼鳞针等针法刺绣了极为丰富的图案，通绣 99 组图案，包括仙鹤、凤凰、牡丹、野兔、双鱼、飞雁等纹饰，还绣有人物故事，生动传神，是元代刺绣艺术的杰作。

绣花夹衫局部图案

"纳石失"辫线长袍
身长 142、通袖长 246 厘米
内蒙古自治区包头市达尔罕茂明安联合旗明水村出土
现藏于内蒙古博物院

　　"纳石失"为波斯语，意为"金线"。袍服以菱格联珠宝相花纹织金锦为面料，右交领。在袍服底襟及两袖口，采用头戴王冠的人面狮身纹织金锦装饰，具有西方文化的特征，是蒙古汗国沟通中亚、促进经济文化交流的物证。

　　元代丝织的丝织品中以织金最有名，称之为"纳金石"，也叫"织金锦"。一般指以片金线或圆金线为纹纬的织金锦或织金缎，是一种用金线显示花纹从而形成具有金碧辉煌效果的织锦。这种织物战国时已出现，在元代得到空前的发展。织金锦的织造

技术对后世的影响极大，尤其是对明清流行的缎织物的产生具有重要的意义。

　　加金的丝织物，又称"织金锦"。一般指以片金线或圆金线为纹纬的织金锦或织金缎以及绣金锡缎。元代前后借指中国镇海等地汉族与回鹘族织工生产的同类产品。中国古代丝织物加金大约始于战国，汉代以后进一步发展，唐宋时期织金技术已臻成熟。但织金锦的真正流行，要到女真族统治中国北部后才开始，到元代则达到极盛。元代立国后，着手建立织造局，有的织造局专门生产"纳石失"，以满足宫廷和诸王、百官的

需要。元代的一名将领还曾将新疆的三百多户织金绮工人，迁移到弘州（今河北省阳原县一带）建立织局织造"纳石失"。唐宋丝织物以色彩综合为主的艺术风格，至此一变为用金银线来作主体表现。"纳石失"可能是波斯语讹译而来，也有写作"纳失失"、"纳失思"、"纳克实"。

"织金"，是著名丝织物——南京"云锦"的重要品种之一。"织金"在明清时是宫廷御用的丝织贡品。"织金"又名"库金"，因织成后即输入宫廷的"缎匹库"而得名。所谓"织金"，就是指在织料上的全部图案花纹，都是用金线织出的。这种金线，是用黄金捶成极薄的金箔，搓捻在线芯上制作而

成；或将金箔裱糊在皮纸上，再缕切成极窄的细条作成。前者搓捻而成的叫作"金线"，后者裱切而成的叫作"片金"（亦叫"缕金"或"扁金"）。从明清两代宫廷传世的织金锦缎实物来看，由于金线材料考究、织造工细，虽经过数百年的时间，至今整个锦料仍是金光灿烂，光彩夺目。

由于金线材料的贵重，以及服装上装饰的要求，"织金"锦缎的纹样设计，要求地少花满，充分显示灿烂辉煌的效果。传统的织金锦缎的图案，多采用花纹单位较小（14则、21则、28则）的小花纹设计。优秀的纹样有："冰梅锦"、"串菊锦"（亦名"洋莲锦"）、"梅寿锦"等。在金光灿烂的满金

"纳石失"辫线长袍下襟图案

地上，利用织物的地经组织，勾画出花纹的轮廓线来。这种单色的阴纹轮廓线条，既是花纹的具体形象；又是满地金花外的织物地纹，设计构思，非常巧妙。这种高超的设计手法，使得价值贵重的真金线，在织料的正面得到了有效的充分利用，达到了最大限度的显金效果。

我国丝织物用金装饰的历史虽很久远，但在生产上广泛应用并取得空前发展的时期是在元代。元代大量生产的著名的"纳石失"，就是一种贵重的织金锦。根据史料记载，元代的惯例，朝廷每年必举行大朝会十余次。朝会时规定最高统治者和有爵位的达官贵族，根据不同的时令，必须穿着同一颜色的金锦质孙服与会（亦称"只孙"），所需金锦服料数量极为巨大。

元代统治者崇尚用金作装饰。在元代，不仅最高统治者和百官的袍服用织金，三品以上官吏的帐幕也用织金。不仅丝织物上用金，毛织物上也用金（叫做毛缎子）。元政

"纳石失"辫线长袍下襟局部——人面狮身纹

府在弘州（今河北阳原）、大都（今北京）、新疆以及全国很多有条件的地区，设立了很多专局（南京就设有专织御用锦缎的"东、西织染局"）和"染织提举司"，集中了大批优秀的织锦工，大量生产"纳石失"金锦。这样贵重的织金锦，统治阶级除制作袍服外，日常生活中的帷幕、茵褥、椅垫、炕垫等以及军营中的帐篷也多用"纳石失"金锦制作。马可·波罗在他的著名游记里，记述了他在中国见到的金锦生产地（其中有南京、镇江、苏州等地）和金锦使用情况，并见到用金锦制作的军营帐篷，绵延有数里之长。元代金锦产量之多、消费需求数量之大，在历史上是空前的，也是极为惊人的。元代之所以盛行用金装饰丝织物，是有其特殊原因的。首先是元代统治者承袭了金代人的官服制度和用金习尚；其次与当时蒙古族的文化水准、装饰爱好和对艺术的理解有关；再次，元代统治者在战争中俘获了一批善制金线、善织金锦的西域锦绮工；此外，元代统治者在战争中掠夺了大量黄金，掌握政权后又推行一种新的经济策略以纸币吸收了大量黄金，并重视黄金的开采。以上这些都是"纳石失"金锦得以大量生产的重要条件和必要的物质基础。

元代用金装饰丝织物的风气，对于明清两代宫廷御用锦缎的设计和生产，产生了巨大和深远的影响。在元代成就的基础上，明清两代又创造出很多优秀而精美的织金产品。云锦中的"库金"就是从元代的"纳石失"金锦发展而来。

（白丽民　徐　峥）

34 萨满服饰

萨满服饰
身长 65、通袖长 177 厘米
内蒙古自治区呼伦贝尔市征集
现藏于内蒙古博物院

满族先世女真时期曾流传下一首著名的民族英雄史诗，名叫《乌布西奔妈妈》，表现了部落时代的战争风云。乌布西奔妈妈出场时是这样的："群山百鹿，苍松翠柳，都翘盼天女萨满出世。洪乌响了，腰铃响了，众萨满焚香叩拜东海。只见从江心水上走来了，一鸣惊人的哑女。她用海皮做了一面椭圆鸭蛋鼓，敲起疾点像万马奔驰。哑女突然开口

诵唱神语，她把白鼠皮披挂全身，她把灰鼠皮披挂全身，她把银狐皮披挂全身，她用黑獭皮披挂全身。她用彩石做头饰，她用鱼骨做头饰，她用獐牙做头饰。她用豹尾做围腰，她用虎尾做围腰，她用熊爪做围腰，她用猞尾做围腰。全身披挂百斤重，坐在鱼皮鸭蛋神鼓上，一声吆喝，神鼓轻轻飘起，像鹅毛飞上天际……"。从这首充满神话色彩的史诗

中，我们见到了一种具有魔法色彩的衣服，其实，这种衣服在现实中是的确存在的。

图片中的这件神奇瑰丽的衣服，就是一件鸟羽式萨满服。对襟短上衣，由皮缝制，无领，两肩及袖口、腋下、底襟缝缀各色绸缎、布质飘带一百余条。飘带上绣日、月、鹿和兵器等图案。并缀有小铜铃，底端连有丝穗，展开后似大鹏翅膀。这些五颜六色的飘带，象征萨满神灵的羽毛，身着此服就能飞上神界。神衣胸、背及肩部缀大小铜镜20面，这些铜镜的制作时代为金、元、清时期。萨满作法时，穿此厚重的神衣狂放而有节奏地旋转，飘带飞扬，身上的铜镜、响铃、垂挂的各种小兵器等物叮当作响，宛如展翅飞天的大鹏，极有气势。

萨满服是精神的产物，这个精神就是萨满教。费尔巴哈曾经说过："唯有自然界的变易，才使人变得不安定、变得谦卑、变得虔敬。"萨满教的产生同样如此，它起源于旧石器时代晚期，曾广泛流行于欧亚大陆北部从事渔猎和游牧的各民族中，我国北方的古代民族，如匈奴、鲜卑、乌桓、柔然、高车、吐谷浑、突厥、回鹘、契丹、女真和蒙古等，都信奉过萨满教。萨满教名称的由

萨满头饰

来，可以追溯到古籍中的"巫"、"胡巫"、"珊满"等，《大清会典事例》中首次称其为"萨满"，自此以后，名称沿用至今。1957年第2版的《苏联大百科全书》中对萨满教的特征作了生动的描述：一是特殊的人物——萨满，这一般是一些善于使自己进入昏迷状态的专职人员；二是特殊的宗教仪式——"行巫术"，巫术的特征是萨满本人在进入昏迷状态的同时，用跳舞唱歌、击敲铃鼓等手段对观众实施催眠术，他们行巫术以医治疾病、保证渔猎丰收等，完成这些仪式通常是有报酬的；三是特殊的法器——通常有带槌的铃鼓、神杖、特殊的神衣、神帽、腰围等，在萨满教徒的心目中，这些物品是神物，也是萨满从心理上感化周围人的工具；四是特殊的信仰——各种精灵，通常有一主要精灵，他是萨满的庇护神，注定要为萨满献身，还有一些为萨满效劳的辅助神以及萨满与之搏斗的恶神。可见，萨满服是萨满教的四个重要特征之一，不可或缺。

萨满服饰局部

蒙古国发现的萨满面具

作为萨满教信仰的集中体现，萨满服代表了穿戴者——萨满的身份，那就是人神的中介者。萨满服可以象征萨满拥有的各种神灵和萨满沟通能力的界限、方位，以及萨满的身份等级。萨满借助这种拥有了灵通的服饰，就可以在人神之间沟通，甚至人神身份的转换。乌丙安先生在《神秘的萨满世界》中介绍道：萨满服主要包括神帽、神衣、神裙、神袴、神靴、神袜、神手套等。每个民族的组合方式有些差别，甚至有的还有萨满特制的内衣。

神帽，在各北方民族中，狩猎民的萨满神帽大体是鹿角形，萨满的资历与品级的区别，一律以帽上鹿角的叉数为标准。游牧民的萨满神帽则多种多样。但是无论哪种神帽，都会在帽周围垂有丝穗和各色绳条布条。对于这种垂丝穗绳条布条的做法，有人说是为了掩盖住萨满本来面目，以防精灵鬼怪认出原貌，对本人纠缠作祟。也有人说是男萨满依照母系氏族时期女萨满披发的形

象模仿装扮的，以保持萨满的原始状态。

神衣和神裙的样式很多，主要有以下几种：一种是古代型的短上衣，用鹿皮、犴皮缝制，右大襟居多，也有对襟的。突出的特点是前胸和后背缀满金属制大小圆镜状物和菱形小铜铁片；沿两袖腋下至小口缀有一排排布条或皮条，呈飘带状；前后底襟也缀满长及1米的布条和飘带，五颜六色，还缀有弓箭、小铃、兽骨、贝壳等等。另一种是近代长袍型神衣，也多系鹿皮、犴皮制成。前胸后背缀有铜镜多面，衣上刺绣有彩色图案花纹，周围镶边，还嵌有瓷扣多枚。衣服的上半身和底襟下边，都缀有多条彩色飘带。达斡尔族称这种长袍为"萨玛石凯"。近世蒙古萨满"莱钦"的上衣是另一种类型，它是用布或绒作底，上面用无数金属圆钉追成斑点状，或由无数金属小片前后密集嵌缀，背部片长。因为斑点密布，故被称为"斑点服"。整个衣服的构造样式与清代将军铠甲

近代萨满做法现场

相似，所以又称"将军服"或"盔甲服"。

赫哲族萨满的神衣叫做"西凯"。是由对襟上衣和裙子配套组成。古代缝制的原料多用鬼、蛇、蜥蜴、蛙等软体、两栖类动物的皮拼成衣裙，以这些动物精灵作为萨满的保护神灵。稍晚些时，又用鹿皮剪成上述各种动物形状，染成各种颜色，缝缀在布制衣裙上。裙的样式很多，上面的装饰品也因萨满的资历深浅不同而有所差异。随着资历增长，裙子上的铃铛逐渐增多。裙上缀有小铜镜和皮制的龟、蛇等小动物。这些装饰性的动物往往就是穿此裙的萨满的护法神灵。飘带多代表鸟类精灵的羽毛，也表示精灵护法。用鹿皮缀制的小动物，多染成黑色。

许多民族的萨满神衣上都缝缀有数量不等的动物标志、神偶标志或自然天体的日月星辰。这种做法是把神衣装点成为一个多层的、多样的、博大的萨满世界。萨满穿上这种服装，被认为立即有化作各种精灵、或依靠精灵飞天潜地之能。神衣和神裙的神秘之处很多，单单那些为各民族萨满服饰所共有的飘带，就有许多动人的传说。无数飘带历来被看做是象征萨满神灵的羽毛。鄂伦春族传说萨满原来都会飞。蒙古萨满说这些飘带是勃额的始祖郝博泰格的翅膀，穿上法裙就能飞上天界。

神靴原来也是由那些爬虫类动物的皮缝制的，以后改用牛皮、野猪皮制成。自然还要在上面贴缝原来那些动物的图案，使皮靴有了神秘色彩和灵性。

萨满服都很重，内蒙古博物院藏有一件萨满服，重达一百五十多斤，需要两个壮小伙才搬得动，乌布西奔妈妈出场时也是"全身披挂百斤重"。尽管萨满做的是沟通人神界的精神工作，可是他们的凡身却背负着世俗的物质重压，表面的风光，也许需要咬牙忍受，神圣如乌布西奔妈妈身着这么重的衣服时，会作何感想？

（白丽民　程国锋）

萨满服饰上的装饰

35 景教墓顶石

景教墓顶石
长 105、宽 34、高 44 厘米
内蒙古自治区包头市达尔罕茂明安联合旗出土
现藏于内蒙古自治区文物考古研究所

大秦遥可说，高虎见秦川。
草木埋深谷，牛羊散晚田。
山平堪种麦，僧鲁不求禅。
北望长安市，高城远似烟。

这是苏东坡的一首诗《和子瞻三游南山九首其四大秦寺》，讲的是一次对他来说颇不愉快的拜访经历：苏轼在陕西凤翔任职时，曾陪伴弟弟苏辙来到盩厔县的大秦寺游览。苏轼平生爱和僧侣谈禅，这次却遭遇了闭门羹，因为"僧鲁不求禅"，说不到一块儿去，结果败兴而归。一次不愉快的经历，让苏轼和苏辙记住了这群令人费解的僧人。其实也怪不得这些僧人，毕竟他们不是佛教徒，而是景教徒，他们信仰的不是佛祖，而是天主。苏轼兄弟如果知道详情的话，他们恐怕要感到庆幸了，因为他们在此处遇到的僧人，已经是当时中国景教徒的孑遗。

后人对于景教的了解多来自于那座著

名的《大秦景教流行中国碑》，但是景教流下的遗物不止于此，景教墓顶石即是其余之一类，而且是颇为重要的一类。景教在中国的兴衰，历经了几多波折，而今"草木埋深谷"，"高城远似烟"，如果想"大秦遥可说"，我们就必须要了解一下景教墓顶石。

景教墓顶石，顾名思义，是置于景教徒墓葬顶部的石刻。景教墓顶石在中国华北、华东和华南多有发现，而且形制与花纹统一之中又有变化。它们与景教墓碑、铜十字架、景教僧人铜牌等，为现代人了解景教的历史提供了丰富的资料。

图中的墓顶石出土于内蒙古自治区包头市达尔罕茂明安联合旗木胡儿索卜尔嘎古城东北约一百米高地上的元代景教墓地。据盖山林先生《阴山汪古》记载，在这块景教墓顶石出土的木胡儿索卜尔嘎古城周围，有许多景教墓顶石和其他石刻，有的沉没于地下，有的半埋于土中，有的已经

运至附近村中，据不完全统计有三十多个，被盖先生记录下的有 13 个。这些墓顶石粗细不一，大部分只粗具墓顶石的式样，不仅没有铭文，而且亦无花纹，只有个别比较精细，说明死者的社会身份远不及附近四子王旗和德宁路古城附近墓群中同样具有景教墓顶石的墓主。

在内蒙古地区，除木胡儿索卜尔嘎古城外，距此不远的达尔罕茂明安联合旗敖仑苏木古城、四子王旗王墓梁耶律氏陵园也各自集中出土了一批景教墓顶石。敖仑苏木古城内外的墓顶石，制作精美，其体积和重量都超过"王墓梁"墓地。在昔日汪古部领地上，到处可以看到景教石刻，包括墓顶石和墓碑，这些石刻，反映了汪古部管辖地区景教盛行的情景。往更广阔的空间看去，景教在我国北方草原地区也十分流行，至今遗留于这个地区的景教遗物可以说明这一点。以内蒙古而论，东部、中部地区发现有景教墓

景教墓顶石侧面

墓顶石上十字纹

材花岗岩，也有少量是石灰岩。墓顶石的形制有着严格的规定，大小代表不同的等级。按照盖山林先生《阴山汪古》中对各部分的命名，形状皆是方形的头部和矩形的身部。头部，方形，四边稍倾斜，三面浮雕，有一面浮雕是十字架，有的以花纹代替。身部，屋顶形，两侧面分成两段，浮雕云纹、唐草和莲瓣。有的墓石背部阴刻古叙利亚铭文。从整体形状来看，头部高、底部低、上部倾斜，类似中国古代的棺。墓顶石采取横卧式，也似传说中的诺亚方舟。景教在中国化的过程中，依然保持自己基督的内核。汪古封国境内的墓顶石，大同中有小异。各地的形制差别不是太大。木胡儿索卜尔嘎古城附近的墓顶石，粗劣不整，除十字架外，少有浮雕纹样，相比起来，王墓梁和敖仑苏木古城附近的墓顶石雕刻就精致华丽得多。

十字架，是典型的希腊式，代表了景

顶石，西部发现有铜十字架，尤其在乌兰察布市和鄂尔多斯地区，中华人民共和国成立后，陆续发现过大批景教铜牌，是当年景教僧的佩戴物，说明在汪古部地区周围的其他北方草原地区景教僧也是很活跃的。

提到草原地区的景教墓顶石，就必须提及一个古老而显赫的部——汪古部。汪古部活跃于金元时期的内蒙古阴山东段地区。金朝时，汪古部为金朝驻守长城（金界壕），后归附成吉思汗，得成吉思汗家族恩宠优厚。汪古部笃信景教，所以在其封国内发现大批景教遗物。汪古部各世家大族，原来都是西域的景教贵族，他们的信仰也随之从西域带到了阴山脚下。在汪古部，首领赵王一家、世家大族耶律氏、马氏等，都是景教世家。元代的马可·波罗对此就曾有提及。

汪古部地区的景教墓顶石，多就地取

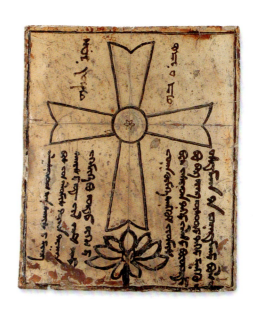

元代景教标志

教墓顶石的特征。其图案规整，四端长度和形状一致，都是末端稍大，中部末端向内侧弯曲，空地共四个圆点。莲花瓣，是中国佛教的象征，即莲华，即妙法，花代表接引众生的法门。景教在中国演化时，大量参考佛教和道教概念。其中有趣的是，四福音书的作者，均改以"法王"称呼，教堂叫做"寺"，大主教叫"大法王"，教士叫做"僧"。甚至还有道教中"天尊"的称号。《大秦景教流行中国碑》的作者景净曾著有《志玄安乐经》，从中我们可以看到儒、佛、道浓重的影子。景教佛化道化，既是因地制宜，适者生存，也促进了自身的发展壮大。围绕十字架的外围有伊斯兰教建筑中常见的火灯窗形式的边缘，多数呈方形，也有以其他特殊装饰的边缘围绕着十字架。墓顶石的花纹反映了汪古部景教中国化的过程中，大量融入了佛教、伊斯兰教、儒家文化等因素，愈加有趣。

据《大秦景教流行中国碑》记载，景教由涅斯托尔首创，唐贞观年间，景教大德阿罗本来至长安，受到太宗接见。景教在唐代初期博得皇帝好感，并在此后的150年间，在中国顺利发展，与祆教、摩尼教并称唐代"三夷教"。唐末武宗年间，会昌灭佛，景教亦遭波及，逐渐衰落，但犹有星火之存。元朝开始，大量色目人来到中国，使得中国的景教信徒数量回升。明代之后，景教衰微，但并未绝迹。直到16世纪左右，天主教传教士展开中国传教工作，景教数目随之锐减。现时，中国只有香港还有涅斯托尔教派，人数不多。

一花一世界，仅从景教墓顶石，我们就可看到景教在中国流传过程中，凭的是涅斯托尔之"根"，借的是皇室重臣之"枝"，开的是中土佛教之"花"，最终结的却仍是基督教之"果"。

（程国锋）

36 五子登科画像石

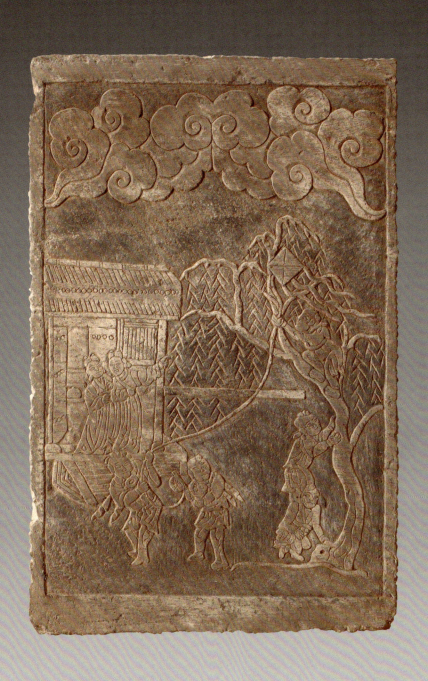

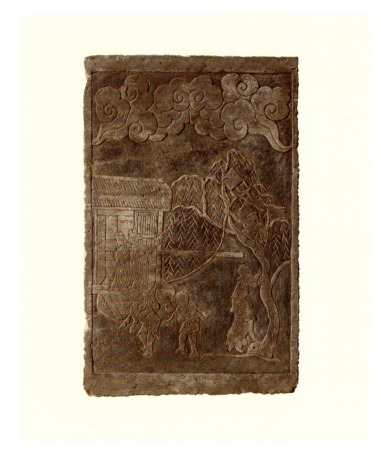

五子登科画像石
通长 71.5、宽 48、厚 12 厘米
内蒙古自治区正蓝旗元上都遗
址出土
现藏于内蒙古自治区文物考古研
究所

　　五子登科画像石用青灰色石料镌刻，表面打磨平整，用剔地浅浮雕手法，雕刻出一幅风俗画。画面主题是表现童子五人正在摘取树梢上的风筝，画面构图是右下侧刻出一株巨大的柳树，左中部刻出一座木构住宅的前大门。门前童子一人手托线团，一人双手扯线，眼望挂在树上的风筝。柳树下一人蹲踞，另一人站在他的双肩上，伸手抱住树干，正欲向上攀登。另一人爬在树枝上，正伸手摘取悬挂在树梢上的方形风筝。这幅以摘取风筝为题材的风俗画，以风筝为中心，将画面上的人物联系在一起，手法简练而娴熟。童子五人年岁相差不大，应为大户人家

的后辈。画面中柳树的量词为棵，古代棵与科通用，童子攀登树木，也可以称为登科，这幅画名"五子登科"，其寓意就是祈求子孙后代登科及第、全家富贵繁昌。

　　"五子登科"出自《宋史·窦仪传》，文中记载：宋代窦禹钧的五个儿子仪、俨、侃、偁、僖相继及第，故称"五子登科"。《三字经》中也提到"窦燕山，有义方，教五子，名俱扬"，其具体就是讲宋代燕山府（今北京一带）有个叫窦禹钧的人，记取祖训，教导儿子们仰慕圣贤，刻苦学习，为人处世，不愧不怍。结果，他的五个儿子都品学兼优，先后登科及第。窦禹钧本人也享

有82岁高寿，无疾而终。当朝太师冯道还特地写了首诗："燕山窦十郎，教子有义方；灵椿一株老，丹桂五枝芳。"歌颂此事，后又逐渐演化为"五子登科"的吉祥图案，寄托了一般人家期望子弟都能像窦家五子那样连袂获取功名。体现了父母望子成龙，登科及第，为国之栋梁的美好愿望。后来人们把五子登科也用作结婚的祝福用词或吉祥用语。

也有一说"五子登科"指的是（1053年），宋永泰人张肩孟登进士后，其五子相继登科。长子张励于宋熙宁六年（1073年）登进士；次子张面力，宋熙宁九年登进士；三子张贲力，宋熙宁丙子文武两举，太学博士；四子张劝，宋元符三年（1100年）登进士；五子张动，宋建炎二年（1128年）登进士。五子同朝，俱为显宦，清正廉洁，时有"丹桂五枝芳"之举。

此画像石出土于元上都砧子山南区墓葬，砧子山墓地位于内蒙古多伦境内，元上都遗址东南7公里处，为元上都居民的一处丛葬区。1990年8月，内蒙古自治区文物考古研究所对其进行了清理发掘。砧子山墓地是内蒙古境内现存规模最大的一处元代丛葬区，随着元上都的兴起而建立，也随着元上都的毁灭而消亡。这处墓地在墓葬形制、葬具使用、丧葬习俗等方面都呈现出较为鲜明的文化特征，是研究元代社会生活的极为宝贵的资料。在砧子山墓地内经过人骨鉴定的墓葬，有一部分为欧罗巴人种，或是欧罗巴人种和蒙古人种的混血，而以欧罗巴人种成分占优势，这些墓葬均与当地居民同处于一个墓地。这或许反映了西方人不仅在元上

都为元朝服务或通商，同时也可能与当地人出现了通婚的现象，也可以断定元上都当时是一个兼容并蓄的世界性都市。

砧子山很多墓地从葬俗和随葬品来看，带有明显的中原汉族家族特征。发掘清理的墓茔、墓葬中出土的碑刻和砖铭上，均为汉人之姓名。砧子山墓地表明有元一代，居住在元上都及周围地区的汉人家族数量众多。由于其地理位置的特殊性，对研究元上都地区历史变迁具有重大考古价值，特别是五子登科画像石等具有汉族典型特征器物的出土，为研究元上都历史上民族融合及汉族在这一带的生息繁衍提供了历史见证。

（李艳阳）

五子登科画像石局部

37 羊群庙石雕人像

羊群庙一号石雕人像
残高 137、最宽 75、最厚 56 厘米
内蒙古自治区锡林郭勒盟正蓝旗羊群庙元代祭祀遗址出土

内蒙古正蓝旗羊群庙元代祭祀遗址发掘出土的三座汉白玉石雕人像，人物造型生动形象，举止端庄大方，它所反映出来的细致而又全面的装饰内容，有着极其鲜明的时代与民族特征，为国内罕见。石雕人像的出土地羊群庙奎树沟地区，当地俗称"石人湾"，三座汉白玉石雕人像均出土于大型的封土堆之内。类似这样带有石雕像的建筑基址，在奎树沟地区就有六处，有四座较大型者是一列，并排分布于东北—西南走向的小山脚下；另有三座较小者分布于山口内沟沿两侧。一号汉白玉石雕人像位于夯筑土台的正前方，系用较为纯净的汉白玉石料精雕而成。表面及褶皱处残存有褐色粉图物。石雕人像因基座被盗掘下沉后向前倾倒，现残缺

头部。石雕人像造型生动，正襟端坐于高靠背圈椅之上。右臂握一高脚杯状物于胸前，左臂自然下垂放于圈椅扶手之上。石雕像内着紧袖长衫，外穿右衽半袖长袍，足蹬如意纹厚底尖靴，环胸及双肩雕饰有双龙纹和卷云纹图案。在半袖长袍右侧佩挂有带鞘刀、圆角方形袋状物和角锥，右侧亦佩挂有带鞘刀、长方形袋状物和方形小盒。雕像颌下残存两缕分叉胡须，左手佩戴镶嵌有珠宝的戒指。坐椅雕琢成高靠背圈椅状。正后方成方块状与圈椅基座相连缀，方块内饰有牡丹花卉图案。坐椅腿部支架成十字交股状，交股处雕花瓣纹泡饰。坐椅下雕琢长方形基座，正面雕饰有三组如意纹图案，其他三面无纹饰。在石雕像等距离的四方残存有光滑平

羊群庙二号石雕人像

羊群庙三号石雕人像

整的筑础石，筑础石之间的砖墙已被拆毁，只留下基槽。雕像周围夯筑有光滑的白灰硬面，硬面上见有残朽的赭色木条。这应当是罩护雕像的另一亭阁式建筑，这与夯筑土台外围建筑遗迹的形制基本相同。以上为一号建筑基址的大致状况，其他三个建筑基址的构筑格局基本与之相同，只是建筑规模与石雕像的大小及装饰略有不同。由于石雕像人物仪态与服饰雕琢精致，具有鲜明的民族特色，现从以下几个方面略作考释。

发饰与胡须。由于三座石雕人像均残缺头部，在石雕像的后背与前胸处仅有一些头发与胡须的残留，只能据此进行大致的推断。二号石雕像肩背处残存的一缕头发，参照蒙古国达里甘加地区及我国内蒙

古正蓝旗羊群庙附近出土同类石雕人像的具体发式，应当是将头顶散发绕后编结成一束拖垂于后背而形成的。在元刻《事林广记》中的插图、陕西宝鸡元墓出土的武士俑以及内蒙古美岱召壁画中，曾出现过这种发式的具体样式，它是古代蒙古民族较为流行的发式之一。

关于元代蒙古人的发式，有花钵焦、垂练、大开门、一字额、大小圆额、三川波浪、七川波浪等多种形式，参照传世的画迹和近年来发现的元代壁画及陶俑、石像可知，元代蒙古族的发式大体归纳为如下三种：一是将额顶发留一绺垂于额顶上，余下结辫或系成一绺盘束成圈状分垂于两颊侧至肩；二是额前髻发，余发结成多辫拖垂于

肩背；三是额前髻发，将余发盘结成多辫束至一起拖垂于后背。据《蒙鞑备录》所记："上自成吉思汗，下及国人皆剃婆焦，有如中国小儿之三搭头，在囟门者稍长则剪之，在下偬上角垂于肩上。"郑所南《心史大意略叙》释曰："三搭者，环剃去一弯头发，留当前发剪短，散垂析两旁，发编两髻，悬加左右衣袄上，曰'不浪儿'，言左右垂发碍于回视，不能狼顾，或合辫为一，直拖垂衣背。"据此解释的发式推断，上述第一种发式，应是《大元新话》所载的"垂练"式，属"婆焦"

云肩式样及花纹

类发式之一种。而余下的两种发式，根据具体样式推断，应是《大元新话》所载的"三川波浪"与"七川波浪"。而羊群庙二号石雕人像的发式，则是属于上述之"婆焦"类，具体样式为"合辫为一，直拖垂衣背"。

一号石雕像的颌下残存两撇胡须，亦是元代蒙古族中常见的一种胡须式样。元代的蒙古族显贵在讲究服饰的同时，也极为注重头发与胡须的修饰，在蒙古族壁画及传世的画像中较为重要的内容是对人物胡须的刻画。纵观元代蒙古人的胡须，一般有三种

形式：一是唇上八撇，颌下络腮连缀成一缕；二是唇上八撇，颌下并为一缕；三是唇上八撇，颌下亦成八撇。羊群庙一号石雕像刻画出的胡须应当是上述第三种胡须的式样。由此可以看到元代蒙古贵族中较为流行的这种胡须式样。

服装。三座石雕人像雕刻有"坎肩"式攀附物，与内蒙古北部草原其他地区出土的元代石雕人像的服装基本上相同，构成了元代石雕人像服装艺术的一大特色。元代类似这种"半袖式"服装有"比肩""比甲"两种。比肩，俗称"襻子答勿"，南宋遗老郑思肖诗："骏笠毡靴搭护衣"之"搭护"即指的是这种比肩，具体样式为有表有里长于马褂成袍式，一般多以皮制；比甲，相传为元世祖后察必所制，具体样式为"前有裳无衽，后长倍于前，亦无领袖，缀以两襻"。此种服装实际上为斗篷及斗篷式铠甲之变体，类如契丹人之"贾哈"，如《夷俗记》所云"锐其两偶，其式样象箕，左右垂于两肩"。比肩与比甲在式样上类似，但在穿法上却有"着"与"披"之分。比甲联缀两襻，多披于肩背，类如斗篷，目的是"以便弓马"；比肩则是直接着身，类如半袖长袍，且束带于腰，以便保暖，为外衣之一种。以上述区别观察羊群庙三座石雕像所刻画出的服装，并非是"锐其两偶"之"箕式"，因而也非是比甲类，而细观其具体样式，应是属于比肩类服装。这种比肩，在元代较为流行，尤其是在蒙古贵族及皇族中间，它是比较讲究的"质孙服"类服装之一。如天子质孙服即是"其上并加银鼠比肩"。比肩类服装的具体样式，在历代传世画像及出土的元墓壁画中多有发现。

《中国古代服饰史》中绘录的成吉思汗、窝阔台、拖雷之子，内蒙古三眼井元墓"宴饮图"中男主人、元宝山元墓"对坐图"中女主人以及辽宁凌源富家屯元墓中的仕女，所着服装皆是这种半袖式比肩。根据壁画中绘制的具体式样观察，比肩大致分为两种，一种为"褂式"，多为地位较低下之仆人穿用；另一种为"袍式"，皇族或贵戚多着此种服装。蒙古民族所特有的这种"比肩"式服装，由于其具有较为显著的地区与民族特点，故为历代文人墨客争相传颂。"宫衣新尚高丽样，方领过腰半臂裁"，"半臂京绡稳称身，玉为颜面水为神"，这里所说的"半臂"即指的是"比肩"类服装。明人曾记三娘子画像"耳坠大环，头戴席帽一如虏王。上穿青绵半臂，下着绛裙"；亦有诗颂曰："汉军争看绣两当，十万弯弓一女郎。""两当"即"半臂"，在美岱召壁画中，身着这种"半臂"式服装者亦较为多见，说明了在明代这种服装仍为时尚。

服饰。羊群庙三座石雕人像所着"比肩"上饰有云、龙、花草图案，应有其特殊的含义。元朝的服色等第有严格的规定，原则上是"上得兼下，下不得僭上"。而蒙古族上层人物又极为讲究所着服装的质地、色泽及施绘的纹案。三座石雕人像服装上的纹案较为细致全面且具有代表性，从中我们可以窥到元代蒙古贵族"质孙服"的一些侧面。一、三号石像比肩四周雕饰有双龙缠绕纹饰。元朝政府曾规定怯薛诸色人种"惟不许服龙凤纹"，而皇帝之质孙服、晏服"延之四周，匝以云龙"则为其常饰，如天子之衮龙服即是"升龙四，复身龙四"。这里

比肩上装饰的龙纹

所说的龙，一般多指"五爪二角"。一号石雕像饰前后二龙，皆五爪二角，当其地位较高。三号石雕像亦饰前后二龙，但为四爪二角，其地位可能略低。二号石雕像胸前与后背饰有两组较为规矩的团花图案。这种团花是以一根细茎把六瓣或八瓣的花葵反串成圈状而成，它与元上都遗址出土建筑构件上所饰的部分图案相同，属于古代中国北方草原地区较为流行的花唐草系列。《元史·舆服志》记职官服饰："一品、二品服浑金花，三品服金答子，四品、五品服云袖带襕，六品、七品服六花，八品、九品服四花。"由此可知这种花草图案亦是元代职官服饰上重要的组成部分，况且所饰花草以职位与品位的高低而有种类与数量的不同。羊群庙三座石雕像所着厚底尖头的靴子上饰有"水朵"形云纹，据《元史·舆服志》载："云头靴，制以皮，帮嵌云朵，头作云像，束于径"，可知三座石雕像所著厚底尖头靴子即是元代"云头靴"之具体样式。另外，二号石雕像两侧肩臂部亦雕饰有较为密集之"云

朵"，又据《元史·舆服志》、《仪卫服色条》：
"云肩，制如四垂云，青像，黄罗五色，嵌
金为之，"可知二号石雕像肩臂部所饰即为
元代"云肩"的具体装饰。

佩饰物。三座石雕像腰两侧佩挂有长
方形、圆角方形袋状物，同时附挂有长柄
刀，圆形、方形小袋，这种装饰在中国北
部草原地带发现的石雕像中较为普遍，应
当是游牧、骑马民族中所特有的佩饰物。
由于其居无常处、四时游牧的生活特点，
加之又多着袍式服装，因而无盛放随身生
活用具的衣袋，故多缝制这种方形或圆形
的皮袋或布袋，系挂腰间。这在突厥、契
丹、蒙古等游牧民族的墓葬壁画及石雕像
中都能够见得到其实际形状，蒙古人称其
为"褡裢"。三座石雕像腰两侧佩挂的方形
或圆形袋状物即是元代蒙古族褡裢之实际
形状。在褡裢的左右多附带有圆形或方形
盒状物，亦属于褡裢之一部分。圆形小袋
一般多用于盛放取火用的火镰，方形小袋
则用于盛放香草或针线，蒙古人亦名其为

"哈布特革"。在褡裢一侧还附挂有长柄刀
和角状物。长柄刀用于食肉防身，属于猎
具，亦为现在蒙古刀之原形，角状物则多
用于系解、编织皮革制品，以羚羊角为之，
成曲锥状，蒙古人名其为"索要"。以上物
具至今在蒙古民族的实际生活中尚可见到
实物。

坐具。三座石雕像的坐具皆作交股双
扶手圈椅式，这种交股式圈椅源于南北朝之
"胡床"，又名"交床"，与现代的"马扎"
相类似。程大昌《繁演录》对交床有详细
的记载："交床以木交叉为足，足前后皆施
横木，平其底，使错之地而安。足之上端，
其前后亦施横木而平其上，横木列窍以穿绳
条，使之可坐。足交叉处复为圆穿，贯之以
铁，敛之可挟，放之可坐，故曰交床。"这
种交床与唐代兴起的高靠背圈椅相结合，形
成元代的这种交股式圈椅，它具有携带与起
坐方便、随地而安之优点，同时又能显示主
人的身份与地位，故为居无常处、射猎为业
的蒙古贵族所厚爱。三座石雕人像的坐具与

石雕人像一侧佩饰物

交股式圈椅与云头靴

元刻《事林广记》插图中的人物坐具，内蒙古元宝山、三眼井元墓壁画中男女主人公的坐具并无二致，真实地反映了元代流行于蒙古贵族中坐椅的实际形制。

仪态与杯具。三座石雕像右手均握一长筒状杯具于胸前，这是整个蒙古草原所发现石雕人像的主要仪态特点。在蒙古国的达里甘加、前苏联的哈萨克斯坦、中国的阿尔泰伊犁河谷以及中苏交界的巴音图嘎地区，发现的石雕人像无论是坐姿还是立姿，均呈现出胸前握杯的姿态。根据这些石雕像的服饰特点以及所握杯具的形制，大致可以将这些石雕像分为两大时期的文化遗存。一般地讲，石雕像整体形态呈"翁仲"式，或呈"立姿"，身着圆领或斜方领长袍，腰部佩挂着短剑或长马刀，手托"罐"式或"高脚"式杯具于胸前者，应当是6至9世纪古代突厥人的文化遗存。而另一类石雕像，多呈"坐椅"式，身着斜领长袍比肩，腰部佩挂圆形或方形褡裢及短柄刀，手握"筒"状杯具于胸前。这类石雕像多以圆雕或浮雕表

现其仪态与装饰特点，整体形象细腻逼真、端庄大方。这应当是属于13至14世纪蒙古人的文化遗存。纵观这两种不同时期的石雕人像，较为显著之仪态特点皆是以手握杯具于胸前。那么，这种"手握杯具"的仪态又究竟有什么样的实际含义呢？观察所握杯具的形制，"高脚"杯显然具有西方文化的特点，说明它源于东西方文化的碰撞、交叉地带——中亚细亚地区。而这一地区自古以来一直是属于干旱少雨的大陆性气候，那么在其居民的日常生活中，所用的容器就显得至关重要。它既可以用来盛放、贮存汤水类食品，又可当做茶酒类用具。笔者以为这应当是这种"握杯"石像之母题。而蒙古高原地区气候寒冷、地广人稀的自然环境特点，自然造就了这一地区居民"尚饮"传统的价值观念体系。所以，以手握杯于胸前，象征着权力与富贵，自然也就较容易作为一种文化时尚为蒙古草原地区的游牧民族接收、传承，并深深地根植于人们的社会生活、意识形态当中，成为其日常生活中价值观念体系

石雕人像仪态

蒙古国出土的石雕人像

的重要组成部分。古突厥人的石像多表现为立式，一手握剑，一手握杯，炫耀的是武士精神；而蒙古人的石像则是呈坐姿，一手扶膝一手握杯，表现的是权势与富贵。羊群庙石雕人像所呈现的仪态，其实际含义亦应在此。

关于羊群庙石雕人像的性质，许有壬《至正集》中《陪右大夫太平王祭先太师石像》中有相关记载，现摘录如下：

"陪右大夫太平王祭先太师石像。像琢白石，在滦都西北七十里地，曰旭泥白。负重台架小室贮之，祭以酒，注口，彻则以肥脔周身涂之，从祖俗也。"又："石琢元臣贵至坚，元臣何在石依然，巨杯注口衣从湿，肥脔涂身色愈鲜，范蠡铸金功岂并，平原为绣世谁传。台前斩马踏歌起，未信英雄在九泉。"

按《至正集》所记先太师石像"在滦都西北七十里地"，地名曰"旭泥白"。"滦都"指元上都，因处于滦河上游故名。"先太师石像"可指羊群庙石雕人像，而祭祀遗址所处奎树沟地区，从大的方向上看，正处于元上都故城的西北，所以，羊群庙奎树沟地区发掘出土的汉白玉石雕人像与祭祀建筑基址，从地理方位上看，与《至正集》所记燕铁木儿"祭先太师石像"的具体里程及方位是大体一致的。"像琢白石"无疑指的是汉白玉大理石雕琢的石像，这与羊群庙出土的汉白玉石雕人像相吻合；"负重台架小室贮之"，指的是石雕人像的放置方式，"负重台"当是石雕人像背负的祭台，当指夯筑土台，"架小室贮之"，显然可与石雕人像周围的亭阁式建筑相对应。因此，从祭祀的主体及附属建筑上看，《至正集》所记又与羊群庙祭祀遗址的发掘情况是相类同的。"酒湩注口"、"肥翕涂身"是一种较为特殊的祭祀习俗，可溯源至古突厥人。段成式《酉阳杂俎》曾载："突厥事祆神，无寺庙，刻毡为形，盛于皮袋，行动之处，以脂苏涂之。"燕铁木儿为钦察人，乃为突厥人后裔，自应有此祭俗。而考羊群庙出土石雕人像，在其雕琢褶皱之处，亦发现有残存的深褐色的垢状物，且分布范围较为广，这应当是"以肥翕周身涂之"后的遗存物。酒与肥翕为油脂类物品，易聚粉尘土垢，自然有此结果。

从上述三个方面内容的具体考察，我们可以得出这样一个较为明晰的结论：正蓝旗羊群庙奎树沟地区一系列建筑基址，应当是元末权臣燕铁木儿的家族宗庙建筑遗存，其建筑基址中出土的几座大型的汉白玉石雕人像，既是许有壬《至正集》中记载的"先太师石像"，其中应当包含有燕铁木儿本人及其临近几代祖先的祭祀偶像，而羊群庙地区即应是《至正集》中所记的"旭泥白"。蒙古人的这种"扶膝坐椅"式石雕人像，是属于其精神生活领域"偶像崇拜"的一个重要组成部分，是一种特定的生活规律与相同的精神文化模式下的约定俗成。

（陈永志　陈思如）

后记

位于中国北部边疆的内蒙古自治区是蒙古民族的肇兴之地，也是蒙古民族发展壮大的地方。蒙元时期，是中国历史上非常重要的一个历史时代，从成吉思汗1206年建立蒙古汗国开始，经1260年忽必烈建立元朝至元顺帝北迁，前后达一百六十余年，在此期间，作为一个统一的多民族国家，中国的政治、经济、文化得到了前所未有的发展与繁荣。蒙元时期各民族所创造出丰富多彩的物质文化是异常醒目的。为了让人们对蒙元时期的物质文化有一个全面而又具体的了解，进而加深对草原文化的理性认识，我们编纂了这本《天骄遗宝》。

本书辑录中国北方草原地带出土的蒙元时期经典文物37件（组），均由相关研究人员撰稿，对所选录的文物进行诠释解读，并附以相关图片说明。本书选录的文物主要以中国北方草原地带出土的典型文物为主，时代大体上划定为蒙元时期，含西夏与金。

内蒙古自治区政府主席巴特尔先生高度重视内蒙古文物事业的发展，对草原文化的深入研究曾多次提出高屋建瓴的指导意见，并在百忙之中为本书撰写了序言。在此，我谨代表内蒙古文物战线的同仁们向巴特尔主席致以崇高的敬意，并表示真诚的感谢。

本书文稿由陈永志、白丽民、张红星、宋国栋　程国锋、党郁、李艳阳、徐铮、汪利琴、史静慧、陈思如等撰写，部分文稿在一些刊物上曾经刊载，此次根据本书编辑的要求再次进行了修改。高娃、朱玉君等提供了相应资料，孔群、刘小放等提供了部分器物的照片，部分图片转引自原报告。在此一并向为本书提供帮助与支持的人们表示诚挚的谢意。

　　本书难免有不足之处，敬请读者指正。

安　泳　锝

2011年6月

天　骄　遗　宝　·　蒙　元　精　品　文　物

元上都遺址城墙